Forsthaus
Jaronin
G. Zmietsch
Gugelreid
Berlauer-Bach
Berlau
Schmiedhäuser
Roisching
Oberhäuser
Schöninger 1084
Plansker Wald
Hochwald
Kalsching
Rotenhof
Trisau
Goldenkron
Rojau
Srnix
Forsthaus
Weicheln
Neuhof
Losnitz
Prisnitz
B. KRUMAU
Zahradka
Gojau
Stein
Mallschitz
Molerbauer
Nespoding
Pötschmühle
Machowitz
Kriecherberg
774
Priethal
Turmplanles
Pahlen
Trilesch
Schebersdorf
Horitz
Lagau
Wellern
Moldau-Fluss
Weislowitz
G. Drosen
Haag
Umlowi
Kirchschlag
Tusch
Ottau
Planles
Twerus
Ebenau
Platten
E.St.
Angern-Rosenthal
Rosenthal
Mühlreuth
Malsching
Zettesreith
Hengst
Nesslbach
Nachles
Friedberg
Medlitzhof
Schauplatz 858
Tempelsching
Rosenberg
E.St. Steindlhammer
Buchendorf
P.S. Zartlesdorf
Heuraffl
Kienberg
Hohenfurth
Gerbetschlag
Wirichschlag

Krummau

LeseReise

Krummau

Vitalis

Bibliographische Informationen der Deutschen Bibliothek
Die Deutsche Bibliothek verzeichnet diese Publikation in der Deutschen Nationalbibliografie; detaillierte bibliografische Daten sind im Internet über http://dnb.ddb.de abrufbar.

Vitalis LeseReise Band 7

Das Bildmaterial entstammt dem verlagseigenen Archiv fotografischer Abbildungen und historischer Publikationen.

Mit diesem Buch sei an jene Krummauer erinnert, die nach dem Zweiten Weltkrieg aus ihrer Heimat vertrieben wurden. Es sei zugleich den heutigen Bewohnern von Český Krumlov gewidmet, denen die Verantwortung für die Pflege und Erhaltung dieser einzigartigen Stadt auferlegt ist.

Herausgegeben von Harald Salfellner
Druck und Bindung: Finidr
Umschlagbild: Bedřich Havránek (1882)
Hergestellt in der EU
ISBN: 3-934774-62-8
ISBN: 80-7253-059-9

www.vitalis-verlag.com

Inhaltsverzeichnis

Der Denkmalpfleger in Český Krumlov

Hugo Rokyta
(*1912 Kamiensk †1999 Moravské Budějovice)

„Er hatte in späten Jahren noch eine große Freude, als sein Sohn Witiko auf dem Fels der Krummen Au, die nun zu Witikos Stamme gehörte, eine Burg zu bauen begann."

Adalbert Stifter, *Witiko*

Unter der Burg, die erstmalig 1253 erwähnt wird, entstand die Stadt, 1274 erstmals urkundlich nachgewiesen. Zahlreiche Gotik- und Renaissancebauten zu beiden Seiten der Moldau. Städtische Denkmalreservation. Zwingeranlage (Latran). Neben der Prager Burg ist Schloß Krumau die größte Burganlage Böhmens, die im Rahmen einer großzügigen Bautätigkeit der drei einander ablösenden Adelsgeschlechter Südböhmens (Rosenberg, Eggenberg und Schwarzenberg) entstand. Vom 13.–18. Jh. wurde das Hauptgebäude vom Gotik- zum Renaissance-Stil umgebaut. Europaweit bekanntes Schloßtheater (1765–1766) mit szenischer Ausstattung (Kulissen) und Kostümen, sehr alter Fundus. Maskensaal aus dem Jahre 1748 von J. Lederer. Schloßgalerie. Schloßbibliothek und eines der größten Herrschaftsarchive, jetzt Staatsarchiv. Belaria im Park. Sommertheater. Propsteikirche St. Veit (1409–1439) mit Prälatur und Kaplanhaus. Museum mit Stifter-Erinnerungen. Die Adalbert-Stifter-Gedenkstätte im Geburtshaus des Dichters in Oberplan (Horní Planá) ist eine Expositur des Krumauer Museums. Im Saal des 19. Jhs. befindet sich ein Beleg für den Werther-Kult in Böhmen: eine farbige Wachsplastik eines jungen Mannes in zeitgenössischem Kostüm neben einer Urne, einen Totenschädel betrachtend, vermutlich eine Arbeit des Krumauer Bildhauers und Wachsziehers Jan Pták (um 1835).

***

Im Jahr 1424 (auch 1430 erwähnt) wurde auf Schloß Krumau Perchta oder Berta von Rosenberg, die historische „Weiße Frau", als Tochter des Herrn Ulrich II. von Rosenberg, Oberster Burggraf im Königreich Böhmen, und dessen Ehefrau Katharina Czenková von Wartenberg auf Veselí geboren. Sie starb gemäß Gräberverzeichnis der Schottenkirche in Wien am Pfingsttag nach Marci 1476 in Wien als Witwe des Herrn Hans von Liechtenstein auf Nikolsburg.

Der letzte Agnat des Hauses Rosenberg, Peter Wok (1539–1611), trat die Herrschaft an Rudolf II. ab. Dessen Sohn Don Julius Caesar d'Austria bewohnte das Schloß von 1605 bis 1608. Krumau verblieb bis 1622 im Besitz der Krone.

Die Krumauer Grenadier-Garde war ein Privileg des regierenden Fürsten Schwarzenberg, dem das Prädikat eines Herzogs von Krumau zustand. Die Habsburgischen Herrscher standen drei Standesherren im österreichischen Teil der Doppelmonarchie das Privileg einer uniformierten Garde zu: dem Fürstbischof von Olmütz (seine Garde trat gelegentlich in seiner Sommerresidenz in Kremsier in Erscheinung), dem Grafen Clam-Gallas (seine Garde war zuletzt nur bei Familienbegängnissen zu sehen) und dem Haus Schwarzenberg auf Schloß Krumau (diese Garde überdauerte auch die Erste Republik und den Zweiten Weltkrieg und wurde erst im Jahre 1948 aufgelöst).

Im Königreich Ungarn stand das gleiche Vorrecht dem Fürsten Esterházy zu.

Krumau ist der Geburtsort des evangelischen Schulrektors und Stadtschreibers Kryštof Kulička (* um 1535). Nach dreijährigem Studium in Wittenberg (1553–1556) wurde er Magister. Er wirkte dann sieben Jahre als Schulrektor und später zehn Jahre als Stadtschreiber seiner Vaterstadt.

Das mysteriöse Ende des unnatürlich veranlagten Fürstensohnes Don Julius Caesar d'Austria und die Szenerien des Maskensaales regten Rilke, der Böhmisch Krumau im Frühjahr 1895 besuchte, zu literarischen Arbeiten an. Die Wandmalereien von Joseph Lederer (sig. 1748) inspirierten ihn zu einer Szene in seiner Novelle *Die Geschwister*, der einen der *Zwei Prager Geschichten*. Die Szene *In dem großen Maskensaal des Krumauer Schlosses* gehört zu den phantasievollsten Motiven Rilkes.

In der Schloßgalerie befindet sich ein Porträt der Wiener Schauspielerin Sophie Schröder (1781–1868), die als „Medea“ in der Uraufführung von Franz Grillparzers Drama *Das goldene Vlies* große Erfolge feierte.

Das Vorwerk Červený Dvůr („Roter Hof“) ist das Urbild von Adalbert Stifters „Braunem Hof“ in seiner *Mappe meines Urgroßvaters* geworden. Aber auch die schauerliche Groteske des Prager Dichters

Gustav Meyrink *Der Mann auf der Flasche* wurde vom Maskensaal des Krumauer Schlosses beeinflußt:

„Aus den Nischen und Loggien strömen die Masken herbei: Harlekins, ‚Ladies with the rose', Menschenfresser, Ibisse und gestiefelte Kater, Piquefünfe, Chinesinnen, Don Quijotes und Wallensteinsche Reiter, Colombinen, Bajadeure und Dominos in allen Farben."

Gustav Meyrink,
Des deutschen Spießers Wunderhorn

Auch in die deutsche Literatur ist die altertümlich anmutende Stadt mit dem Schloß hoch über der Moldau eingegangen.

Hans Watzlik stellt seine literarische Vedute *Florian Regenbogner* in die Tradition des Eichendorffschen *Taugenichts*:

„Florian Regenbogner wusch sich in einem steinernen Becken. Meergötzen schütteten ihm aus ihren Urnen das Wasser auf. Der Dreizackgewaltige drohte hinüber gegen den Berg Schöninger, dessen waldiger Grat eben sich mit Licht bedeckte. Ehe noch die reichen Zierbeete Farben und Feuer völlig entfalteten, stieg der Regenbogner wieder über die Mauer und trabte an grauen Heiligen vorüber durch kühle, hohe Tore schloßnieder. Im Hofe gähnten schläfrig die altväterischen Kanönlein, plumpe Steinkugeln waren davor gehäuft. Ein eisgrauer Grenadier bewachte all den kriegerischen Kram. Er nahm sein Amt nicht leicht; zumal da er den verdächtigen Gesellen daherschlendern sah, zog er das geschulterte Feuerrohr strenger an sich, schritt verwegener auf und nieder, ließ den Schnauzbart flattern und versah die Schildwacht ohne Tadel. Über ein Stiegengäßlein kam der Regenbogner zu Stadt und Fluß hinab. Er schwang sich auf die Brüstung einer Brücke: In der Tiefe schoß die krumme Moldau frisch dahin. Droben in Fels wurzelte waghalsig das Schloß, die Dohlen umjauchzten den Turm, und der Türmer schmetterte seine helle Stundenweise in die vier Winde."

Hans Watzlik,
Die Abenteuer des Florian Regenbogner

Der tschechische Maler, Schriftsteller und Folklorist Ludvík Kuba (1863–1956) hat ein Krumauer Medaillon in sein Memoirenwerk aufgenommen:

„Als ich dorthin zum ersten Mal mit einem Malergerät in den Hof, der ‚Gardeplatz' genannt wird, hineinschlüpfte, schrie ich im Geiste auf: ‚Bomben und Granaten!' Ich stand nämlich Aug' in Aug' der unverfälschten Wirklichkeit von gähnenden, altertümlichen Geschützen und einem Häuflein bewaffneter Hüter gegenüber, ebenso altertümlich anmutend, was ihr Alter, ihre Montur und Ausrüstung betraf. An den Gewehrläufen der Gardisten sträubten sich Bajonette und zu Füßen türmten sich ihnen Pyramiden von Geschützkugeln. Die gewollte Rauheit des Bildes war nur gemildert durch die weichen Umrisse der gewaltigen Bärenfellmützen der Grenadiere und die etwas blauen Hosen, die um die dünnen Beine von Krumauer Schustern und Schneidern schlotterten, die sich ihrem Handwerk ab und zu veruntreuten, um sich Verdienste um die Bewahrung des altertümlichen Charakters der denkwürdigen Stadt zu erwerben. Aber auch nach dem Ersten Weltkrieg hat sich dieses Wachspanoptikum erhalten. Throne wankten, Reiche verschwanden von der Landkarte, die Welt wurde von Grund auf umgekehrt –

nur das stille Krumau blieb fest und friedlich, gleich einem Wunder im Kosmos."

Ludvík Kuba, *Zašlá paleta, Paměti*

... Zu den Bewunderern dieser Stadt gehörte auch der prominente österreichische Maler, Grafiker und Zeichner Egon Schiele (1890–1918). Der Künstler verbrachte längere Zeit in Böhmisch Krumau. Schiele, der von Klimt und der Wiener Sezession stark beeinflußt ist, gehört zu dem Kreis der Expressionisten. In den neunziger Jahren dieses Jahrhunderts wurde im einstigen Bräuhaus eine Gedenkstätte und eine Galerie mit seinen Werken eröffnet.

Die erste farbphotographische Ansichtskarte, die mittels eines neuen Verfahrens von der autochromen Platte übertragen wurde, stellt Schloß Böhmisch Krumau im Jahre 1910 dar. Ihr Autor war der Pionier der tschechischen Farbphotographie, Ing. Dr. Karel Šmirous.

In Böhmisch Krumau wurde am 6. Februar 1990 die tschechische Adalbert-Stifter-Gesellschaft gegründet.

Krummauer Lied

Johann Jany

Kein schöneres Städtchen im ganzen Land
als Krummau am herrlichen Moldaustrand,
wie funkeln die Türme vom Sonnenglanz,
des löblichen Städtchens im Bergeskranz.

Gewaltig erhebt sich ein Felskoloß
und stützet das herrliche Fürstenschloß.
Da raget des Turmes erhabener Bau,
hoch über die reizende Stadt und Au.

Es kündet mit hallendem, schweren Klang
das Uhrwerk des Turmes der Zeiten Gang.
Der Türmer bläst die Stunden aus,
melodisch dringt's in jedes Haus.

Kein schöneres Plätzchen ist weit und breit
für frohe Gedanken und stille Freud'.
Ein einsames Bänklein am Lindenbaum,
im Garten des Schlosses ein süßer Traum.

Da fliehen die Sorgen, der Friede zieht
wie träufelnder Balsam in unser Gemüt.
Ein Glücksempfinden durchweht das All,
es schwebet von ferne ein sanfter Schall.

Der Türmer bläst die Stunden aus,
melodisch dringt es weit hinaus.

Böhmisch Krumau im Spiegel der Geschichte

Alois Meerwald
(*1886 Winterberg †1933 Böhmisch Budweis)

Der Fremde, mag er auf der Reise von Budweis oder von Wallern her in die Eisenbahnstation B.-Krumau einfahren oder aber aus irgendeiner Richtung auf der Straße ankommen, er wird beim ersten Anblick der Stadt mit dem imposanten Schlosse in andächtiger Verzückung verharren. Schwärmerisch veranlagte Naturen werden unwillkürlich an eine Märchenstadt denken, und das bezaubernde Bild, das die Stadt dem Wanderer bietet, wird jedes Gemüt in Träumerei versetzen. Hier wurde die Natur zur Poetin, und der menschliche Geist begriff ihre Poesie: Stadt und Landschaft ergänzen einander zu einer Dichtung von überwältigender Schönheit und unvergänglicher Größe. Und jeder, der aus diesem Borne der Poesie und der Anmut Erbauung schöpfte, wird den Dichtern zustimmen, die Krumau die „Perle des Böhmerwaldes“ nennen.

Die Stadt liegt am Fuße des 1080 Meter hohen Schöningers in einem romantischen Tale, durch das sich die Moldau in weitausholenden Krümmungen hindurchwindet. Über die Gründung der Stadt liegen keinerlei geschichtliche Aufzeichnungen vor, aber aus den vorhandenen Urkunden kann geschlossen werden, daß das Schloß in der Zeit zwischen 1232 und 1239 erbaut worden ist. Witigo, der vermutliche Gründer des Schlosses, nennt sich in einer

Urkunde aus dem Jahre 1253 „de Chrumbenowe" in einer zweiten aus dem Jahre 1258 „de Crumlov". Krumau stammt demnach aus der Zeit, als in Böhmen die Przemysliden, in Österreich die Babenberger, in Deutschland die Hohenstaufen und in Ungarn die Arpaden herrschten. Alle diese Geschlechter sind längst erloschen. Nur ihre sagenumrankte Geschichte lebt weiter und ist mit der Geschichte der Bergstadt B.-Krumau vielfach verwoben.

Die erste Ansiedlung im nächsten Umkreise der Burg, der Stadtteil „Latron", dürfte kurze Zeit nach Gründung des Schlosses entstanden sein. Eine lateinische Urkunde Witigos trägt die Unterschrift dreier Zeugen, deren einer sich *Sipota judex de Crumlov* nennt. Sipota war also damals schon Ortsrichter und die Ansiedlung demnach bereits eine Gemeinde.

Im Jahre 1309, kaum siebzig Jahre nach der mutmaßlichen Gründung des Schlosses, wird Böhmisch Krumau in einer Urkunde als Stadt (civitas) genannt. Damals bestand auch schon die heutige innere Stadt.

Die Herren auf Krumau vermochten sich frühzeitig einen machtvollen Einfluß auf die politischen Vorgänge innerhalb Böhmens zu sichern, aber auch auf dem deutschen Reichstage, im polnischen Landtage, am Wiener Hofe und in Ungarn kamen die Witigonen zu wiederholten Malen zur Geltung und nicht wenige der bedeutendsten historischen Ereignisse Mitteleuropas wurden von den Gebietern auf Krumau mitbeeinflußt. In dem Bestreben, ihre Macht zu festigen und ihren Einfluß zu stärken, war es ganz natürlich, daß sich die Witigonen in den Wirren des Mittelalters bald dieser, bald jener Geistesrichtung anschlossen, daß ihre Politik oft eine Politik der Widersprüche wurde und daß sie nicht selten von den Ereignissen, die sie selbst mitheraufbeschworen haben, überrannt worden wären. Auch im romantischen Mittelalter gab es jenes Getriebe, für das wir in unserem jetzigen, so unromantischen Zeitalter das häßliche Wort „Konjunkturpolitik“ geprägt haben.

Die ersten urkundlich erwähnten Witigonen waren treue Anhänger des böhmischen Herrscherhauses. Als Herzog Břetislav, der „böhmische Achilles“, mit dem Deutschen Kaiser im Kampfe stand und die böhmische Macht gegen Polen erweitern wollte, stand Witigo von Placz in den Reihen der Freunde des Herzogs. Břetislav wurde 1041 von den kaiserlichen Truppen geschlagen und mußte sich unterwerfen. Im nächsten Jahre entsandte er Witigo als Abgesandten an den Hof Heinrichs III.

Auch Witigo I. von Prčic stand im Lager des Königs von Böhmen. König Wladislav II. ernannte ihn zum Truchseß und betraute ihn im Jahre 1173 mit einer Sendung an Kaiser Friedrich Barbarossa. Als Wladislaws Nachfolger Przemysl Ottokar I. gegen Konrad von Mähren zu Felde ziehen mußte, leistete ihm Witigo Waffenhilfe und half ihm in der Schlacht bei Lodenitz bei Znaim (1179) zu einem vollen Siege über Konrad.

Karl Kostial: Blick auf Krummau

Eine andere Einstellung gegen den König von Böhmen nahmen die Söhne des im Jahre 1272 verstorbenen Herrn Budivoj ein. Namentlich der Älteste von ihnen, Zawisch von Falkenstein, lehnte sich offen gegen den König auf.

Während des Krieges, den König Przemysl Ottokar II. gegen Rudolf von Habsburg führte, entfachte Zawisch einen Aufstand des böhmischen Adels, und Ottokar sah sich infolge des in seinem Rücken drohenden Bürgerkrieges gezwungen, Frieden zu schließen und sich zu unterwerfen. Er mußte Rudolf von Habsburg als deutschen Kaiser anerkennen, Böhmen und Mähren von ihm zu Lehen nehmen und die während des Interregnums erworbenen Länder Österreich, Steiermark, Kärnten und Krain abtreten (1276). Ottokar fand die Friedensbedingungen zu hart und schon im Jahre 1278 begann er einen neuen Krieg, der ihm zum Verhängnis wurde. Die böhmischen Truppen wurden auf dem Marchfelde geschlagen und Ottokar selbst fand in der Schlacht den Tod.

Zawisch aber heiratete die Witwe Ottokars, die Königin Kunigunde und wurde so der Stiefvater des Königs Wenzel II. Wenzel II. übersiedelte selbst sofort an den Prager Hof und verschaffte sich einen großen Einfluß in der böhmischen Regierung, wobei er sich in Hofkreisen freilich auch arge Feindschaften zuzog. Mit dem Tode Kunigundens (1284) war Zawischs Machtstellung bei Hofe zu Ende, weshalb er sich ins Privatleben zurückzog. Bald darauf wurde er von den Anhängern des Königs gefangengenommen und verbrachte zwei Jahre in Gefangenschaft.

Nun veranlaßte Wenzel II. eine Strafexpedition gegen die Besitzungen der Witigonen. Königliche Truppen unter dem Herzog Nikolaus von Troppau belagerten die Burg Frauenberg, die Zawisch's Bruder Witigo verteidigte. Um Witigo zur Übergabe der Burg zu zwingen, wurde Zawisch in das Lager der Königlichen gebracht. Herzog Nikolaus forderte nun den unbeugsamen Witigo auf, sich zu ergeben, sonst würde Zawisch vor den Augen der Verteidiger Frauenbergs hingerichtet werden. Witigo, der an den Ernst der Drohung nicht glauben mochte, verweigerte die Übergabe. Herzog Nikolaus aber ließ ein Gerüst aufstellen, und tatsächlich wurde Zawisch vor Frauenberg enthauptet (1290). Seine beiden Brüder Witigo und Wok entflohen.

Die Herrschaft Krumau überging nun in den Besitz der Neffen Zawischs, Heinrich und Wok, und als beide kinderlos starben, übernahmen die Angehörigen der Rosenberger Linie der Witigonen die Regierung und verlegten ihren Wohnsitz nach B.-Krumau (1302).

Heinrich I., der erste Rosenberger in Krumau, lebte in gutem Einvernehmen mit König Wenzel II., der ihn zum Oberstlandeskämmerer ernannte. Als der Nachfolger Wenzel III. ermordet wurde und mit ihm die Przemysliden ausgestorben waren, schloß sich Heinrich an Rudolf von Habsburg an, belagerte Bawor von Strakonitz in Strakonitz und eroberte die Burg Klingenberg. Unter Heinrich I.

wurde Krumau zur Stadt erhoben. Heinrich starb im Jahre 1310.

Die Regierung der nächsten Nachfolger Heinrichs fällt in die Zeit der Könige aus dem Geschlechte der Luxemburger, mit denen die Rosenberger in gutem Einvernehmen lebten. Peter I. (1310–1347) leistete dem blinden König Johann Waffenhilfe, als dieser die Franzosen im Kriege gegen die Engländer unterstützte. In der Schlacht bei Crecy (1346) fiel neben König Johann auch Peters Sohn Heinrich I. Auch Peters Nachfolger Jodok I. (1347–1369) und Ulrich I. (1369–1390) setzten die königstreue Politik Johanns fort und namentlich Ulrich galt auf dem Hofe Karls IV. sehr viel. Peter und Jodok waren streng religiöser Gesinnung. Unter Peter wurde der Grundstein zur Veitskirche in Krumau gelegt, Jodok gründete das Krumauer Minoritenkloster, das Augustinerkloster in Wittingau und das Paulanerstift in Heuraffl, seine Gattin Agnes von Wallsee das Klarissinnenkloster in Krumau. Unter der Regierung Peters entstand überdies das Siechenhaus beim Budweiser Tor. Im Jahre 1347 vereinigte er die Vorstadt, Lupenz, Zahradka und einige Höfe mit der Stadt. Jodok erbaute im Jahre 1349 die Burg Maidstein.

Waren seit Heinrichs I. Tode achtzig Jahre des Friedens verflossen, so begann mit dem Regierungsantritte Heinrichs II. (1390–1412) eine Zeit der Wirren, die B.-Krumau oftmals gefahrdrohend umbrandeten und die für die Stadt mehr als einmal zum Verhängnis geworden wären, wenn die Herren von der Rose nicht jene politische Geschicklichkeit erwiesen hätten, die auch in einem Labyrinth von Verfehlungen und politischen Mißerfolgen einen Ausweg offen läßt.

Heinrich II. (1390–1412), vom König Wenzel IV. zum Oberstlandeskämmerer und Oberstburggrafen von Prag ernannt, wandte sich vom König ab, als dieser mit der Verfolgung der katholischen Geistlichkeit einsetzte. Heinrich stellte sich an die Spitze des gegen Wenzel gegründeten Herrenbundes, zerstörte die königliche Burg Kugelweit und hielt den König zweimal auf dem Schlosse Krumau gefangen (1394 und 1412).

Heinrichs Nachfolger Ulrich II. herrschte zur Zeit der Hussitenkriege. Er wurde selbst Hussit und ordnete an, daß in allen Kirchen seines Gebietes das Abendmahl unter beiden Gestalten zu verabreichen sei. Nach kurzer Zeit aber verließ er die Hussiten und kehrte wieder ins katholische Lager zurück. König Siegmund ernannte ihn zum Hauptmann des Bechiner und Prachiner Kreises. Durch seine Umkehr zum Katholizismus zog sich Ulrich den Groll der Hussiten zu, der sich zum leidenschaftlichen Hasse steigerte, als Ulrich Wodnian erstürmt und Tabor belagert hatte. Žižka unternahm einen Rachezug gegen die Witigonischen Besitzungen, erstürmte 1420 Prachatitz, 1421 Goldenkron, zog 1423 bis vor Hohenfurth und zerstörte Priethal. Auch nach Žižkas Tode wurde der Fehdehandschuh nicht begraben. Im Jahre 1433 zog Czapek von San gegen Krumau. Ulrichs Truppen wurden bei Welleschin geschlagen, Krumau schien verloren. In seiner Bestürzung fand Ulrich keinen andern Ausweg, als Frieden zu schließen. Gegen Erlag einer hohen Geldsumme erkaufte er einen einjährigen Waffenstillstand, und Czapek zog gegen Pilsen ab.

Nach dem Tode König Siegmunds, des letzten Luxemburgers, setzte sich Ulrich für die Wahl des Habsburgers Albrecht II. zum böhmischen König ein (1438), und als dieser schon im nächsten Jahre starb, nahm sich Ulrich um Albrechts nachgeborenen Sohn Ladislaus Posthumus an.

Im Jahre 1449 fand das glänzende Fest der Vermählung Johann Liechtensteins von Nikolsburg mit Ulrichs Tochter Berta statt, jener unglücklichen Frau, die heute noch in der Sage unter dem Namen „Die weiße Frau“ weiterlebt. Im Jahre 1450 besuchten Aeneas Sylvius, der nachmalige Papst Pius II. und der Kreuzfahrerprediger Johann Kapistran den Herrn auf Krumau, der während der Anwesenheit des Letzteren von der Herrschaft zurücktrat.

Auch sein Nachfolger Heinrich III. war ein Anhänger des Habsburgers Ladislaus, dem er Waffenhilfe leistete. Nach Heinrichs III. Tode übernahm sein Bruder Johann II. die Regierung. Johann war anfänglich ein begeisterter Anhänger Georgs von Poděbrad und huldigte dem Hussitismus; deshalb traf ihn zweimal der Bannfluch des Papstes, was zur Folge hatte, daß Johann von Georg von Poděbrad abfiel, sich an dessen Gegner Matthias Corvinus von Ungarn anschloß und gegen seinen früheren Bundesfreund Georg zu Felde zog. Hatte Johann früher die Gegner Georgs zu Feinden, die Gratzen erstürmten und auch Krumau bedrohten, so zog er sich jetzt den Haß Poděbrads zu, dessen Truppen Maidstein belagerten und nur mit Mühe zurückgeschlagen werden konnten. Heinrich starb im Jahre 1472. Die Pest soll seinem Leben ein Ende gemacht haben.

Sein Nachfolger Heinrich IV., ein junger, kränklicher Mann, begünstigte die Entwicklung des Bergbaues, der sich mächtig entwickelte. Nach dem Rücktritt Heinrichs übernahm Wok die Regierung, vorerst unter der Vormundschaft seines Onkels Bohuslav von Schwamberg, der die Regierungsgeschäfte mit großer Umsicht leitete. Die Stimmung des Krumauer Hofes hatte sich allmählich gegen Matthias Corvinus entwickelt, wozu nicht wenig die Tatsache beitrug, daß Schwamberg 1478 von ungarischen Soldaten in Budweis gefangengenommen und nach Budapest gebracht wurde. Nach vieler Mühe gelang es Wok, seinem Onkel wieder die Freiheit zu erlangen, allerdings mußte Schwamberg die Regentschaft zugunsten Woks niederlegen.

Wok unterhielt einen glänzenden Hof und erkannte den König Wladislaw II. als seinen Herrn an, der ihn wieder durch die Ernennung zum obersten Hauptmann des Königreiches auszeichnete. Die Stadt B.-Krumau erhielt 1494 die Rechte einer königlichen Stadt.

Nach dem Rücktritt Woks übernahm sein Bruder Peter II. die Regierung. Er erbaute das Budweiser

Tor mit dem Turm, baute die Befestigungen aus und brachte den Bergbau zu hoher Blüte. Zu Peters II. Zeiten machten sich die durch die Reformation bedingten Zerwürfnisse im politischen Leben sehr stark geltend, und da zur selben Zeit auch unter den Verwandten Peters Streitigkeiten ausbrachen, verzichtete er zugunsten seines Neffen Johann, des Maltheserpriors von Strakonitz, auf die Herrschaft. Die Verwandten Peters hingegen erkannten die Wahl Johanns nicht an, sondern übertrugen die Herrschaft an Heinrich V. Erst nach dessen Tode (1526) kam Johann zur Regierung, dem es schließlich gelang, die Feindschaften innerhalb der Familie zu schlichten. Unter Johanns Regierung erhielt die Stadt Krumau das Recht, Edelmetalle zu schmelzen und zu verkaufen.

Sowohl Johann, als auch seine Nachfolger Jodok (1532–1539) und Peter III. (1539–1545) waren Anhänger der Habsburger. Unter Jodoks Regierung besuchte die Kaiserin Anna Krumau (1538), von wo aus sie feierlich nach Linz geleitet wurde. Jodoks Tochter Eva wurde mit Niklas Zriny, dem heldenmütigen Verteidiger von Cziget vermählt, der bekanntlich während der Erstürmung von Cziget durch die Türken den Tod fand.

Nach Peters III. Tode erbten seine beiden Neffen Wilhelm und Peter Wok die Besitzungen, und damit begann wieder eine Zeit des Prunkes am Krumauer Hofe, die allerdings eine zeitweise mit Katastrophen drohende Verschuldung der Rosenberg'schen Herrschaft nach sich zog. Namentlich Wilhelm entfaltete eine kostspielige Prachtliebe, nicht nur in B.-Krumau selbst, sondern auch auf seinen Reisen. Seine Teilnahme an dem Reichstag zu Augsburg (1556), an der Krönung Maximilians II. zum König von Ungarn in Preßburg (1563) und an dem polnischen Reichstag 1576 kosteten ungeheure Geldsummen, ebenso wie seine glänzenden Hochzeitsfeste. Wilhelm war viermal verheiratet: zuerst mit Katharina von Braunschweig, dann mit Sofie von Brandenburg, hierauf mit Anna von Baden und schließlich mit Polyxena von Pernstein. An der Hochzeit Wilhelms mit Polyxena nahm auch Kaiser Rudolf II. teil. Alle vier Frauen Wilhelms starben, ohne ihm einen Erben zu hinterlassen.

Wilhelm spielte im politischen Leben eine große Rolle; nicht nur im böhmischen Landtage, sondern wiederholt auch außerhalb der Landesgrenzen als Abgesandter des Kaisers, der ihn zum Obersten Burggrafen von Böhmen ernannte und mit dem Orden vom goldenen Vließ beteilte.

Den Protestanten stand Wilhelm mit Wohlwollen gegenüber, obwohl er selbst katholisch blieb, im Jahre 1584 das Jesuitenseminar in Krumau stiftete und den Jesuiten ausgedehnte Grundstücke schenkte. Wilhelm starb 1592 in Prag.

Sein Bruder Peter Wok, der letzte aus dem Geschlechte der Rosenberger, stellte sich offen auf die Seite der Anhänger der Reformation. Im Jahre 1595 berief er protestantische Prediger nach B.-Krumau und stellte ihnen die Jodokuskirche zur Verfügung. Woks Ehe mit Katharina von Ludanitz (†1601)

Wilhelm Fischer: Der Krummauer Ringplatz

blieb kinderlos. Dieser Umstand und die durch die üppige Hofhaltung ins Unermeßliche angewachsene Schuldenlast veranlaßte Peter Wok dazu, die Herrschaft Krumau an den Kaiser Rudolf II. zu verkaufen und sich nach Wittingau zurückzuziehen. Hier starb er im Jahre 1611. Mit ihm war auch das Geschlecht der Wittigonen erloschen.

*

Die Herrschaft Krumau verblieb nur zwanzig Jahre im Besitze der Habsburger. Kaiser Rudolf bestimmte die Herrschaft für seinen unehelichen Sohn Don Julius d'Austria, einem leichtsinnigen jungen Wüstling, der einem Liebesverhältnis des Kaisers mit der Tochter des Verwalters der Prager Kunstsammlungen namens Strada entsprossen war. Don Julius sollte in Krumau zu einem besonnenen Lebenswandel angeregt werden, aber das gerade Gegenteil war der Fall. Er belästigte die Krumauer Bürgerstöchter, feierte wüste Orgien auf dem Schlosse und knüpfte schließlich ein Verhältnis mit der Baderstochter Margarethe Pichler an. In seiner Raserei überfiel er sie eines Tages mit dem Degen in seinem Zimmer, verwundete sie und warf sie, weil er sie für tot hielt, aus einem der Schloßfenster. Als Don Julius in Erfahrung gebracht hatte, daß Margarethe wieder genesen war, erzwang er ihre Rückkehr ins Schloß, wo er sie in einer sadistischen Anwandlung tötete und buchstäblich zerstückelte (1608). Kurz darauf fand der erst 23 Jahre alte Wüstling selbst den Tod. Er soll von einem Diener im Bade erdrosselt worden sein.

Unter Rudolfs II. Regierung stand Böhmen im Zeichen der leidenschaftlichsten politischen Streitigkeiten und Gärungen, die aus Rudolfs wankelmütiger Haltung nur noch Nahrung fanden. In seinem Majestätsbrief vom Jahre 1609 sicherte er den Protestanten freie Religionsausübung und das Recht auf Kirchenbauten zu. Nicht lange darauf wollte er Böhmen seinem Vetter, dem Erzherzog Leopold, Bischof von Passau, überlassen, welchen Entschluß Rudolfs Bruder Matthias vereitelte. Nichtsdestoweniger waren Passauer Truppen in Südböhmen eingedrungen, lagerten in Krumau und stürzten dadurch die Stadt in große Schulden. Als Matthias nach Rudolfs Tode (1612) die Regierung übernahm, erhielt die Stadt einen Nachlaß der rückständigen Steuern. Im Jahre 1614 weilte Kaiser Matthias selbst in B.-Krumau und bestätigte der Stadt alle ihre Privilegien.

Die in ganz Böhmen herrschende Gärung ergriff auch Krumau, als die Protestanten den Auftrag erhielten, ihre Liegenschaften 1616 zu verlassen und als der Hauptmann Flitzer in Krumau einrückte, um die Protestanten niederzuhalten. Nun nötigten die Aufstandsbewegungen in Budweis den Hauptmann, dorthin abzurücken, worauf sich die Krumauer Protestanten erhoben, die Sakristei stürmten und die Jesuiten, die sich verschiedene Übergriffe zuschulden kommen ließen, zur Flucht zwangen. Daraufhin marschierte der kaiserliche Hauptmann

Wenning von Breitenstein in Krumau ein und unterdrückte am 17. September 1618 den Aufstand.

Während des dreißigjährigen Krieges war Krumau einer der Sammelpunkte der kaiserlichen Truppen, und nicht wenige Feldherrn hielten sich hier auf, so der Spanier Carati de Carrara, Feldmarschall Bonaventura von Buquoy, Don Balthasar de Maradas (1620) und später Aldringer und Wallenstein.

Im Jahre 1622 schenkte Kaiser Ferdinand die Herrschaft Krumau an den steirischen Edelmann Johann Ulrich von Eggenberg, den er zum Fürsten und später zum Herzog von Krumau ernannte und auch noch mit Netolitz und Helfenburg beteilte.

*

Die Eggenberger standen stets im Lager der Kaiserlichen. Johann Ulrich ließ in Krumau alle protestantischen Bücher einsammeln und deren über 5000 verbrennen.

Unter der Regierung Johann Antons von Eggenberg, der mit Anna Maria von Brandenburg vermählt war, hatte die Stadt unter dem Einmarsche bayrischer und schwedischer Truppen schwer zu leiden. Die Folge davon war, daß viele Krumauer Familien flüchteten, wodurch die Einwohnerzahl auf kaum 1000 sank. Erst nach dem westfälischen Frieden nahm die Bevölkerungszahl zu und eine Zählung im Jahre 1653 ergab wieder über 2000 Einwohner.

Nach dem Tode Johann Antons (1649) ging die Herrschaft an seinen Sohn Johann Christian über, einen kunstliebenden Mann, der mit der ebenso kunstliebenden Gräfin Marie Ernestine zu Schwarzenberg vermählt war. Er ließ an dem Schlosse umfassende Umbauten vornehmen und errichtete den Hofgarten. (Der frühere Schloßgarten befand sich in der Neustadt). Er ließ ferner das Minoritenkloster umbauen und erbaute das Schloß Rotenhof bei Kalsching. Im Jahre 1687 besuchte ihn der aus der Belagerung Wiens durch die Türken bekannte Kardinal Leopold Graf Kollonitsch.

In die Regierungszeit Johann Christians fallen die Streitigkeiten um den Sprachengebrauch in den Krumauer Kirchen. Seit langer Zeit wurden in der St. Veitskirche nur tschechische Predigten, die deutschen hingegen in der Jodokuskirche gehalten. Da sich letztere als zu klein erwies, bemühte sich die Krumauer Bürgerschaft, die Veitskirche für deutsche Predigten zugewiesen zu erhalten. Ein Gesuch an den Erzbischof und an den Kaiser wurde aber trotz der Befürwortung Stubenbergs abgewiesen. Auf das hin veranstalteten die Bürger 1653 eine Volkszählung, die das Ergebnis zeitigte, daß von 2010 Einwohnern 1752 Deutsche waren. Aber auch ein auf Grund dieses Ergebnisses neuerlich überreichtes Gesuch blieb erfolglos. Erst im Jahre 1787 wurden die tschechischen Predigten in die Jodokuskirche verlegt und, als die Jodokuskirche 1788 aufgelassen wurde, in das Kloster.

Johann Christians Ehe blieb kinderlos, und da auch sonst keine Nachkommen aus dem Geschlechte der Eggenberger vorhanden waren, übernahm nach Johann Christians Tode (1710) seine Witwe die Herrschaft. Als 1719 auch Maria Ernestine starb, erbte ihr Neffe Adam Franz Reichsfürst zu Schwarzenberg die Besitzungen.

*

Fürst Adam Franz (1719–1732), mit der Prinzessin Eleonore Amalie von Lobkowitz vermählt, befaßte sich eifrig mit Umbauarbeiten an dem Schlosse, wie denn die Schwarzenberger überhaupt eine rege Bautätigkeit entwickelten. Im Böhmerwalde entstanden zahlreiche neue Ortschaften, und die Urbarmachung ausgedehnter Bodenflächen machte große Fortschritte. Im Jahre 1732 traf Adam Franz Vorbereitungen zum feierlichen Empfange des Kaisers Karl VI. und fuhr ihm nach Brandeis entgegen, um nicht mehr zurückzukehren. Er fiel einem Jagdunfall zum Opfer: durch einen Fehlschuß des Kaisers wurde er zu Tode getroffen.

Sein Nachfolger Josef Adam und dessen Gattin Maria Theresia von Liechtenstein setzten die Neubauarbeiten des Schlosses fort. Die Winterreitschule, der Maskensaal mit Malereien von Lederer, das Schloßtheatergebäude mit Malereien von Wetschel und Markl, die steinerne Mantelbrücke, die Kaskaden im Hofgarten und die Bellaria mit Malereien von Prokysch stammen aus der Regierungszeit Josef Adams (1732–1782).

Als während des österreichischen Erbfolgekrieges der Kurfürst Karl Albert von Bayern mit einem bayrisch-französischen Heere in Böhmen eindrang, Prag eroberte und sich zum König des Landes ausrufen ließ (1741–1742), wurde Krumau durch einige Zeit hindurch durch 4000 französische Krieger besetzt. Während dieses Aufenthaltes gerieten im heutigen Kaffeehaus Fink zwei französische Offiziere in Streit, den sie durch ein Duell austrugen, wobei einer der Offiziere den Tod fand. Er wurde im Minoritenkloster begraben.

Josef Adams Nachfolger Johann (1782–1789) vergrößerte die Herrschaft durch den Ankauf zahlreicher Güter. Durch seine Söhne teilte sich das Geschlecht der Schwarzenberger in zwei Linien: die ältere Krumauer Linie und die jüngere, Worliker Linie, der auch der Sieger in der Völkerschlacht bei Leipzig, Feldmarschall Karl von Schwarzenberg, entsproß.

Die Krumauer Herrschaft übernahm 1789 Josef II. Er reorganisierte das Archiv und gründete ein „Ökonomisches Institut", das von 1801 bis 1850 bestand. Das war die erste landwirtschaftliche Schule in Böhmen. Anläßlich der französischen Revolutionskriege spendete die Stadt eine Kriegsbeihilfe von 8000 Gulden, stürzte sich aber dadurch so in Schulden, daß sie den Baumannschen Hof, den Fritschkohof und die Meiereien in Lagau, Mödling, Passern und Wettern verkaufen mußte.

Josefs Nachfolger Johann Adolf II. erbaute das im windsorschen Stile gehaltene Schloß Frauenberg und verlegte im Jahre 1848 seinen Sitz dorthin. Im B.- Krumauer Schlosse ließ er die Fresken erneuern und den Hofgarten in französischem Stile anlegen. Überdies ließ er die Schwarzenbergsche Bibliothek aus Wien nach Krumau bringen und der Eggenbergschen Bibliothek angliedern. Unter Adolf Josef (1888–1914) wurde auch das Schwarzenbergsche Zentral- und Familienarchiv aus Wien nach Krumau verlegt.

Auch der jetzige Besitzer der Herrschaft Johann Schwarzenberg und dessen Gattin Therese, geborene Gräfin Trautmannsdorf, widmen der Erhaltung der Kunstdenkmäler im Krumauer Schlosse die größte Sorgfalt.

Die Abenteuer des Florian Regenbogner

Hans Watzlik
(*1879 Unterhaid †1948 Tremmelhausen)

Am gefährlich abfallenden Ufer traten nun weißgetünchte Schutzsteine im Gänsemarsch an und kündeten die nahe Stadt.

Auf jenseitiger Höhe graute ein runder, reisiger Turm. Manch langatmiges Jahrhundert mochte er droben warten, eingeschmiedete Schelme im Bauch, von Knechten bewacht mit steilem Spieß, umritten von eisengleißenden, strengen Rittern.

Hernach bot sich das Schloß zur Schau, es lag hoch auf felsiger Halbinsel, von der Moldau umflossen. Mit schlichten Schindeln gedeckt, rosenlos, glich es nimmer dem geträumten Bau, doch lag es ganz abenteuerlich und lieblich wild auf seinem Stein, und der Zinnenturm taugte wohl zu einsamer Sternenschau, wenn nachts des Himmels Prachtdecke sich aufrollte. …

Über dem Marktplatz hing eine Lerche, inbrünstig sang die vom nahen Feld Verflogene. Ein trotziger Kirchturm, eine Brücke, darauf der heilige Nepomuk; darunter die Moldau, das Schloß spiegelnd, und Mühlenbraus und donnernde Wasserwehr.

Aus dem Wirtshaus *Zum grünen Hirschen* schrie einer heraus: „Hei, Bruder, feucht dir den staubigen Gaumen!“

Der blasende Michel saß drinnen und hielt ihm sein Glas hin: „Da trink! Ich will die Schuld von gestern verebnen. Ist ein sanfter Wein, ein Jungferntrünklein, regt das Blut nicht auf. Seit gestern sitz ich da, der Pelz treibt Schweiß, und Schweiß bringt Durst.“

Er ließ ein Ingwerschnäpslein, Rundsemmeln und Käse auftragen, was er eine „kleine Andacht“ nannte, und spielte mit der Flöte eine lustige Tafelmusik, indes der Regenbogner es sich schmecken ließ, ohne dabei zu versäumen, eifrig durchs Fenster zu spähen, denn jeden Augenblick konnte sie dahersprengen auf lichtem Zelter, von schlanken Windhunden umjagt.

Mit seinem durchlöcherten Strohhut traute er sich nicht zum Schloß hinauf. Im Spiegel sah er

Karel Plicka: Krumauer Ringplatz mit Rathaus und Mariensäule

sein verwildertes Haar, und kein Kräusler war im Ort zu erfragen, der ihm mit Kamm und glühender Zange den Schopf festlicher gestimmt hätte.

Die Wölklein droben wurden zu wandernden Rosen, des Nepomuk Abend brach an. Auf der Brücke sangen einige fromme Weiblein zu dem bekränzten Heiligen empor.

Dunkler wurde es. Kinder lärmten am Gestade, jedes stellte eine Kerze auf ein winziges Floß und ließ sie schwimmen. Die Moldau trug die flackernde Wallfahrt. Manches Licht fiel um und erlosch im Wasser, andere aber fuhren stolz unter des Heiligen Brücke hin und galten als gesegnet, und ihre sichere Fahrt verhieß dem Eigentümer Glück. Es war ein schimmerndes Spiel und Widerspiel in Lüften und Wassern.

Wie der Regenbogner so versonnen der Lichterflotte nachsah, zupfte ihn ein Mädchen am Ellbogen. Ob er nicht sein Glück fragen wolle, meinte sie und bot ihm ein Kerzlein an. Sie war ein wohlgeschaffenes Kind mit prallen Apfelwangen, sie redete aus liebem, schier überkleinem Mund und stand beklommen ob ihres Mutes, den Fremden angesprochen zu haben.

Dieser griff zögernd zu. „Das Schifflein fehlt mir“, sprach er. Auf einmal aber hob er den Hut vom Kopf, pflanzte die Kerze in die Lücke, zündete sie an – und feierlich fuhr sein Licht dahin. Das junge Volk jauchzte ob des Einfalls, doch der Regenbogner starrte angstvoll dem Lichte nach wie seiner eignen Seele und knüpfte sein Geschick daran. Weh, das Kerzlein fiel, hellauf brannte der Strohhut, und frevlerisch wild schwamm der Brand unter dem Heiligen hin.

„Hast dir einen lichterlohen Liebhaber ausgesucht, Ursel“, neckten die Mädchen, und sie wich beschämt vor dem bloßköpfigen Brandstifter und verschwand. –

Funkelnagelneu hing der Mond über das eingedämmerte Städtlein. Nur der Nachtwächter störte, der hüstelnd seine Runde abging und den Spieß aufs Pflaster stieß und ins Horn blies, also das lichtscheue Gesindel warnend, sein Treiben rechtzeitig vor dem Hüter der Ordnung zu verbergen. Vom ruhlosen Ewiglicht betört, prallte der Kauz gegen die schlanken Fenster der Kirche, drin der Sieger vom Weißen Berg vergruftet lag.

Der Regenbogner schlief am Markt im Schatten des Florianibrunnens, indes der Mond breitbehäbig in des Bürgermeisters Rauchfang hinabschmunzelte und endlich darin versank. Morgen muß er rußig auftauchen! Und droben röteten sich gespenstisch des Schlosses Scheiben, als glitte ein Licht durch die Säle.

Langsam wandelte die Nacht vorüber. Der Wächter rief seinen Abgesang in die grauende Frühe.

„Steht auf, steht auf, es ist wohl Zeit,
Die Vöglein pfeifen auf grüner Heid',
Die Fuhrleut' sind schon auf der Straßen,
Gott und seine Liebfrau tun uns nicht verlassen.
Hat drei geschlagen!“

Durch die Träume des Regenbogner wob schwerer Duft der Rosen. Das Tor der Sonnenburg donnerte auf, die Gräfin trat heraus, selig weiß, sie schleuderte Glanz und weckte die Welt. Da läuteten die Glocken in den Kirchen von selbst, da sangen alle Liederbücher im Land sich selber, und alle Turmhähne schluchzten wie Trutznachtigallen, einer ausgenommen, der raunzte und krächzte auf einmal ein rostiges Kikeriki, das riß den Schläfer aus himmelblauem Traumwerk, und er öffnete die Augen: Da hockte ein verschmitztes Hellebardenknechtlein vor ihm im Morgengrau und krähte ihn mit grellem Hahnenschrei munter.

„Huhu, Fledermaus", schalt der Regenbogner, „hast mir den schönsten Traum verdorben!"

Der Nachtwächter lächelte den Hutlosen schalkisch an: „Zapf dich aus der Stadt, windiges Brüderlein! Hast mehr Köpfe als Hüte, selbes kann die Obrigkeit nicht dulden. Oder soll dir der heilige Florian am Brunn den goldenen Helm leihen!"

Egon Schiele in der schwarzen Stadt

Harald Salfellner
(*1962 Graz)

„Die alten Häuser sind so durchwärmt von der Sienaluft, überall gibt es sonnenverbrannte Rouleaus, weiß, rot und dazu spielt zuzelig eine alte Drehorgel, - der große schwere Jahresrock des blinden Musikanten ist altgrünbraun, geschossen und abgeschunden. -
Ich rufe dich, um Dir all das Vergönnte zu zeigen;
da lachen große und kleine Kinderaugen herein und sprechen laut von mir. Oben im Garten gibt es alle Grüns und menschähnlichen Blumen. Draußen in einer Farbenwiese sind farbige Gestalten zerschmolzen, braune, buschige Bauern am braunen Weg und gelbe Mädchen in der Maiblumenwiese. Hörst Du?
Im Blätterbaum sitzt ein inniger Vogel, er ist dumpffarbig, er rührt sich kaum und singt nicht, - tausend grüne Blätter spiegeln sich in seinen Augen - er weint."

Egon Schiele
an seinen Freund Anton Peschka

Bald hundert Jahre sind seit jenen schwül-heißen Sommertagen des Vorkriegsjahres 1911 verstrichen, als der junge Egon Schiele im Gartenhaus seines kunstsinnigen Gastgebers, des Krummauer Textilkaufmannes Max Tschunko, Quartier bezogen hatte. Und doch scheint die Szene auf dem Steilhang am Oberen Flößberg noch immer lebendig, wärmt uns das Sommerglühen jenes Tages bis in die kühle Gegenwart.

Die Strahlen der heißen Nachmittagssonne tauchen die Gartenterrasse in helles Licht, von der anderen Moldauseite her funkeln die Dächer der friedlichen Stadt. Der junge Maler hat seinen Blick auf einen blühenden Rosenbusch gerichtet, dessen Fülle den jungen Leib eines einfachen Landmädels rahmt. Die kleine Muse hat ihr Sommerkleidchen abgestreift und mustert den Herrn aus Wien - mehr neugierig als kokett, mehr verwundert als scheu. Ein feiner Herr, dieser Herr Schiele! Ganz anders als die groben Burschen aus der Nachbarschaft, vor denen sie sich auch schon ausgezogen hat. Nur im Finstern eben, in der Kammer oder im Stadl. Aber da draußen im Garten vom Herrn Tschunko, hinter der Schießstätte, am hellichten Tag, das ist was anderes, das tät sie nicht einmal für die Studenten vom Wirtshaus Spitzenberger und für sonst schon gar niemand. Beim Herrn Egon Schiele ist das eben für die Kunst. Und es schmeichelt dem zarten Wesen, daß auch sie grad' so wie das schöne und vornehme Fräulein Wally auserkoren ist zum Modellstehen - wenn's nur niemand sehen möchte', denn das wär' im biederen Krummau ein Skandal.

Freilich kommt es, wie es kommen muß. Von der obersten Terrasse schaut die Paula zu, die Tochter vom Postroßhalter Pollak. Und die wird nie von den Herren Studenten mit den bunten Bändern mitgenommen zu den Ausflügen hinaus auf den Schöninger, und Modellstehen läßt sie auch keiner.

Wie ein Lauffeuer flammt der Tratsch von einem Nachbarn zum nächsten. Da schau her, der junge

Schiele, der Herrgottsmaler in seinem Malerhemd, treibt im Garten vom Tschunko mit nackerten Mädchen Unzucht, verletzt die Sittlichkeit, und das nicht nur mit den losen Weibern aus der Wienerstadt, sondern auch mit den hiesigen Dirndln, mit unseren Krummauer Töchtern.

Die Empörung ob dieses Frevels bleibt schließlich auch dem Hausherrn nicht verborgen, und dieser, seinem tadellosen Ruf als Kaufmann verpflichtet, veranlaßt, was in so einem Falle zu tun ist. Mit der Obrigkeit ist nicht zu spaßen, Schiele bleibt nichts übrig, als vorzeitig aus Krummau, dem Schönsten, das er hier gefunden hat, „von dem Tulpengarten und dem Terrassenhäuschen", seiner Arbeits- und Wohnstätte, abzureisen – jedoch bestimmt nicht für immer.

In den sieben Jahren, die ihm noch bleiben, kommt er trotzdem immer wieder in die Stadt, wo das Geburtshaus seiner Mutter (Fischergasse 40) steht. Schon früh hatte sie das Kind zur Verwandtschaft mitgenommen, zu den Festls, den Gallistls, den Peroutkas – allesamt Abkömmlinge einer einfachen und weitverzweigten böhmerwäldischen Bauernsippe. Die Erinnerung an diese Tage bleibt in Schiele zeitlebens wach. Als Zwanzigjähriger äußerte er sich einmal dazu: „In mir fließt alles deutsches Blut, und oft spür' ich der Vorfahren Wesen in mir."

Im Frühjahr 1910 – die Krummauer Israeliten in Schieles Umfeld errichteten gerade ihre Synagoge – hatte er mit zwei Malerkumpanen, Erwin Osen und seinem nachmaligen Schwager Anton Peschka, ein

Quartier in der Fleischgasse 133 bezogen, aber der Name der Straße kann uns nicht täuschen: Der junge Maler, der da so keck mit Schirm und Melone über den Ringplatz hinüber zum Café Fink stolziert, kann sich kaum über Wasser halten. Er lebt mehr recht als schlecht vom Verkauf kleiner Bilder und muß „bei Wirten und im Caf" anschreiben lassen.

Im Oktober selbigen Jahres treffen wir Schiele erneut an der Moldau, diesmal sogar entschlossen, sich auf Dauer, „auf Jahre hinaus, vielleicht immer", in der alten dämmernden Stadt niederzulassen. Wir spüren Schieles Liebe zu der kleinen Stadt aus einigen Zeilen, die er an den Kunstsammler Arthur Roessler richtet: „Unter dem weißen Himmel. Jetzt seh ich die schwarze Stadt wieder, die immer gleich geblieben ist, in ihr gehen die Stubenhockerhäusler wie immer, - die Armen -, so Arme, das rauschrote Herbstlaub riecht ihnen gleich. Wie wohl ist aber der Herbst in diesem Windwinterland!"

Kein Jahr soll nun mehr vergehen, in dem Schiele nicht nach Krummau kommt. Und während an den Fronten des Weltkrieges bereits die Kartätschen und Granaten wüten, finden wir ihn in illustrer Künstlerrunde im Hotel Zum Goldenen Engel am Krummauer Ringplatz, dessen Pächter Rudi Hessina ihm freundlich zugeneigt ist.

Doch die Uniform bleibt Schiele nicht erspart - 1915 muß er nach Prag einrücken. Er wird zu einem böhmischen Regiment nach Neuhaus abkommandiert, nach Niederösterreich weitergereicht und kann schließlich den Rest des Weltkrieges als Mindertauglicher im Wiener K. K. Heeresmuseum Unterschlupf finden. Dieser Posten ermöglicht ihm nicht nur, seiner Kunst zu leben, sondern auch weitere Fahrten nach Krummau zu unternehmen. Im Sommer des Jahres 1917 sieht er die alten Krummauer Giebelhäuser schließlich ein letztes Mal.

Egon Schiele erliegt am 31. Oktober 1918 der damals grassierenden Spanischen Grippe und folgt seiner Frau Edith nach, die nur wenige Tage zuvor gestorben war. Zeitgleich vergeht das alte Österreich. Nur drei Tage vor Schieles Tod, am 28. Oktober 1918, war die Tschechoslowakei als einer der Nachfolgestaaten der Donaumonarchie proklamiert worden. Aus Böhmisch Krummau sollte bald Český Krumlov werden.

Ein Egon-Schiele-Zentrum in den Räumlichkeiten der ehemaligen Städtischen Brauerei in der Breiten Gasse (Široká) erinnert seit einigen Jahren an den österreichischen Maler, der für Krummau einige seiner schönsten Landschaftsbilder *(Alte Stadt, Krummau bei Nacht, Blick auf Häuser und Dächer von Krummau, Stadt am blauen Fluß, Dämmernde Stadt* etc.) geschaffen hat.

Egon Schiele: Krumauer Landschaft (1916)

„Goldmacher“ im alten Krumau

Alois Meerwald
(*1886 Winterberg †1933 Böhmisch Budweis)

Die Alchimisten, die sich im 15., 16. und 17. Jahrhundert mit der künstlichen Herstellung des Goldes befassen wollten, trieben auch in Böhmen ihr Unwesen, und sie verstanden es, auch die Herren von der Rose auf raffinierte Weise um das Geld zu bringen. Einige interessante Begebenheiten aus der Zeit der Goldmacher, die Josef Svatek in seinen „Kulturhistorischen Bildern aus Böhmen“ mitteilt, sollen im Nachstehenden kurz wiedergegeben werden.

Die erste Erwähnung über die Alchimie in unserem Lande stammt aus dem Jahre 1394. Die Alchimisten fanden ihr Betätigungsfeld am Königshofe und beim böhmischen Adel. Insbesondere die Zeiten unter Rudolf II. waren für sie Zeiten der Blüte.

Wilhelm von Rosenberg war einer der ersten Aristokraten Böhmens, die unter dem Druck ihrer Schulden und unzufrieden mit den Erträgnissen ihrer ausgedehnten Besitzungen, von der Goldmacherkunst eine Vermehrung ihrer Schätze erhofften und in unglaublicher Verblendung ihr Vermögen auch noch durch alchimistische Versuche verschwendeten.

Bereits im Jahre 1563 befand sich Wilhelm von Rosenberg in Verbindung mit dem Italiener Antonio Michele, der sich als Baumeister einführte, bald aber zum Alchimisten umsattelte und die Kassen der Krumauer Herrschaft leichter machte. Der Italiener war nicht der einzige Betrüger am Hofe der Rosenberger. Im Jahre 1574 kam ein Christo Hirschberg nach Krumau und köderte den leichtgläubigen Rosenberger durch die Behauptung, zweierlei Geheimnisse zu besitzen, und zwar innerhalb eines Monats aus Silber gediegenes Gold herzustellen und aus einer Mark Silber drei Lot reinen Goldes herausziehen zu können.

Wilhelm ließ ihm sofort 6000 Golddukaten für die Mitteilung dieser Geheimnisse zuschreiben und schenkte überdies der Behauptung des Schwindlers Glauben, daß sich das Gold, wenn es entsprechend präpariert wird, in der Erde vermehre wie eine Frucht. Zu diesem Zwecke gab der Herr von Rosenberg dem Alchimisten 80 Golddukaten, die in einem versteckten Winkel des Schloßgartens in die Erde gesät und von Hirschberg durch mehrere Tage mit künstlichen Flüssigkeiten begossen wurden. In einer Nacht aber schritt der Alchimist auf eigene Faust an die Ernte der goldenen Früchte, grub die 80 Dukaten aus und verschwand mit ihnen und mit der übrigen Beute auf Nimmerwiedersehen.

Noch schlimmere Erfahrungen machte Wilhelm von Rosenberg mit dem Engländer Kelley, der ihn um nicht weniger als 300.000 Goldgulden prellte, so daß wir leicht der Richtigkeit der Angabe trauen können, daß der Rosenberger acht Millionen durch die Alchimie verloren hat. Tatsache ist, daß er seinen Besitz mit 1.600.000 Gulden verschuldete.

Der Engländer Kelley hingegen erwarb sich ein schönes Vermögen. Er wurde an den kaiserlichen Hof berufen und nicht nur mit großartigen Geschenken überhäuft, sondern auch noch zum Hofalchimisten ernannt. Durch volle drei Jahre „arbeitete" er im Hradschiner Laboratorium bei Tag und bei Nacht. In kurzer Zeit kaufte er die Burg Hradek bei Eule, erwarb in Eule selbst zwölf Häuser, das Bräuhaus und die Mühle und trachtete noch durch Monopolisierung des gesamten Handels in der Stadt Eule sein Vermögen zu vermehren. Kelley ist also reich geworden, der Kaiser aber und Wilhelm von Rosenberg haben vom künstlich hergestellten Golde nichts gesehen.

Kelleys Herrlichkeit nahm erst ein Ende, als er im Mai 1591 einen kaiserlichen Beamten im Duell erstochen hatte, weshalb er aus Prag fliehen mußte, weil Rudolf II. sehr strenge Strafbestimmungen gegen den Duellunfug erlassen hatte. In Sobieslau wurde der Engländer gefangengenommen und von hier auf den Hradschin und später in das Staatsgefängnis im Schlosse Pürglitz gebracht.

Im Gefängnis gebärdete sich Kelley wie wahnsinnig. Er nahm durch mehrere Tage keine Speisen zu sich, so daß man für sein Leben fürchtete. Da nun der Kaiser besorgt war, daß durch den Tod des Engländers auch seine Geheimnisse zu Grabe getragen würden, sandte er einen Arzt nach Pürglitz, der für das Leben des Alchimisten Sorge tragen sollte. Kelley sollte durch die Tortur dazu gezwungen werden, das Geheimnis der Golderzeugung zu verraten. Erfolglos setzte sich Wilhelm von Rosenberg für den Engländer ein. Selbst die Königin Elisabeth von England bat um Kelleys Begnadigung, der Kaiser aber war nicht mehr zu rühren.

Da versuchte es Kelley mit der Flucht. Er ließ sich an einem Seil aus dem Fenster seines Gefängnisses herab, das Seil aber riß, Kelley stürzte in die Tiefe, brach sich einen Fuß und starb kurz darauf an den Folgen des Sturzes. Sein gesamtes Vermögen wurde für die königliche Kammer beschlagnahmt.

Medaillon der Krummenau

August Sperl
(*1862 Fürth †1926 Würzburg)

Am blauen Himmel zogen weiße Wölklein, und im Sonnenscheine lag die Krummenau.

Hoch über Palast und Ringmauern der massigen Burg ragte der schlanke Bergfried empor in die heiße Luft, und der vergoldete Knauf seines Wächterhäusleins funkelte in den Strahlen der Sonne.

Gleich einem mächtigen Walle standen in der Runde hochgetürmt die böhmischen Hügel und Berge und waren bedeckt mit dunkeln Tannenforsten und mit lichten Laubwäldern und waren besäumt mit gelben Kornfeldern; tief unten im Tale aber glitzerte die braune, vielgekrümmte Moldau, von den mittägigen Hügeln herab zog sich das helle

Band des uralten Saumpfades hinein zwischen die Hütten der Krummenau, heran unter die schroffen Felsen - und von den schroffen, grauen Felsen schaute die Herrenburg frank und frei hinaus über Hütten und Strom, über Saumpfad und Steige hinauf und hinüber zu den gelben Kornfeldern, zu den strohgedeckten Meierhöfen, zu den dunkeln und lichten Wäldern ringsumher.

Die weiße Frau

Alois Meerwald
(*1886 Winterberg †1933 Böhmisch Budweis)

Ein Kranz von Sagen und Legenden schlingt sich um die Lebensgeschichte Bertas von Rosenberg, der Tochter Ulrichs II. und dessen Gattin Katharina von Wartenberg. Berta wurde im Jahre 1430 (nach einigen Angaben 1424) in der Burg Krumau geboren. In ihren Jugendjahren lernte sie gelegentlich eines Besuches zu Neuhaus den jungen Ritter von Sternberg kennen, der sie bei einer Kahnfahrt auf dem Neuhauser Teiche vom Tode des Ertrinkens gerettet haben soll. Zwischen Berta und Sternberg entspann sich bald ein inniges Liebesverhältnis. Bertas Vater aber - ihre Mutter war bereits 1436 gestorben - zerstörte das Liebesglück seiner Tochter durch den Entschluß, Berta mit Johann Liechtenstein von Nikolsburg zu vermählen.

Diesen Entschluß führte Ulrich tatsächlich durch. Im Jahre 1449 wurde die Hochzeit Bertas mit Liechtenstein gefeiert. Krumau erlebte eine Woche glänzender, rauschender Feste. Auch der Ritter von Sternberg weilte unter den Hochzeitsgästen auf dem Krumauer Schlosse. Berta soll sich während der Festlichkeiten mit Sternberg in eine der Schloßkemenaten zurückgezogen haben, um für immer von ihm Abschied zu nehmen. Während dieser Zusammenkunft habe der Nikolsburger das Paar überrascht.

In wütender Eifersucht habe Liechtenstein seinen Nebenbuhler durch ein Burgfenster in die Moldau werfen wollen, was nur durch das Dazwischentreten anderer Hochzeitsgäste verhindert worden sei. Am andern Morgen schon wäre das junggetraute Ehepaar nach Nikolsburg abgereist.

Tatsache ist, daß Bertas Eheleben sehr unglücklich verlief. Die Lieblosigkeit ihres jähzornigen Gatten und die Gehässigkeit ihrer Schwiegermutter und ihrer Schwägerinnen verbitterten der Rosenbergertochter das Leben, weshalb sie ihren Vater wiederholt bat, ihr die Rückkehr nach Krumau zu gestatten. Ulrich verweigerte die Bewilligung dazu, und Berta mußte mit ihrem Gatten weiterleben, bis dieser nach 25jähriger Ehe starb. Dann verließ Berta das Schloß Nikolsburg und begab sich zu ihrem Neffen Heinrich IV. nach Neuhaus, wo sie sich durch ihre Freigebigkeit und Hilfsbereitschaft die Sympathien der Bevölkerung erwarb.

In der Volkssage lebt Berta als „Weiße Frau“ weiter. Auf den Schlössern von Krumau, Wittingau, Neuhaus, Frauenberg, Bechin, Teltsch und Borotin soll sie wiederholt erschienen sein und eine der Erzählungen von der „Weißen Frau“ gab die Anregung zu Grillparzers dramatischer Dichtung „Die Ahnfrau“.

Sie erscheint der Sage nach immer in weißer Kleidung und trägt weiße Handschuhe, wenn ein frohes Ereignis, schwarze Handschuhe aber, wenn ein Unglück bevorsteht. In Krumau soll sie im Frühjahr 1914 gesehen worden sein und jene Leute, die an die Tatsächlichkeit der Erscheinungen der „Weißen Frau“ glauben, sind nicht von der Überzeugung abzubringen, daß Berta den furchtbaren Weltkrieg angekündigt habe.

Der Türmer bläst

Viktor Krummauer

Der Türmer bläst. Die Turmuhr schlug,
Eine Stunde verging im Laufe der Zeiten. –
Des Glockenschlages Welle trug
Sie in das Meer der Ewigkeiten.
Der Türmer bläst ...

Die Mutter ringt
Dem Schoße ab des Kindes Leben
Und da sein erster Schrei erklingt,

Die Schicksalsschwestern wählend weben.
Der Türmer bläst ...

Die Welt so schön
Geschmückt im jungen Lenzgetriebe,
Darinnen zwei umschlungen steh'n:
Das alte Lied von junger Liebe.
Der Türmer bläst ...

Der Sommer blüht,
Gesänge tönen, Farben prangen.
Die junge Frau traumtrunken glüht
Von ihres Trauten Arm umfangen.
Der Türmer bläst ...

Der Himmel schwer
Von nassen Nebeln dicht bekrochen.
Der Treubund bricht, das Bette leer,
Ein liebeheischend Herz gebrochen...
Der Türmer bläst ...

Der Winter starrt
In Eis, wo jüngst noch Blüten lohten,
Im Zug ein Leichenwagen knarrt,
Schwer von der Schmerzenslast des Toten.
Der Türmer bläst ...

Die „Krumme Au“

Karl Franz Leppa
(*1893 Böhmisch Budweis †1986 Weißenburg)

Dick und dicht wuchsen in alten Zeiten in unserer Heimat die Wälder, daß schier ein Berg wie der andere hersah, jeder den blauen Himmel stützte mit seinem grünen Rücken und nur das Wild und das Wasser sich ihre Wege merkten. So verirrte sich einmal auch ein Ritter, und weil er ein starkes Wasser sausen und brausen hörte durch die Wildnis, ritt er ihm nach und kam in eine Au, die gar grün und krumm war. Dort weidete eine Herde an einem breiten, braunen Waldflusse. Der Ritter fragte den Hirten, wo er denn eigentlich sei und wie man diese Flur heiße. Da sagte der Hirt fröhlich: das Wasser hier, das sei die Wuldach (Moldau), und die Au heiße bei Fischern und Jägern die „Krumme Au“.

Der Ritter war nun einer aus dem Geschlechte der edlen Herrn Witigo, das später gar viel berühmt wurde. Ihn freute der grüne Winkel, und alsbald ließ er sich auf dem steilen, breiten Felsen an der Wuldach eine steinerne Burg bauen. Zu ihren Füßen wuchs dann ein Burgdörflein auf. Und dieses hieß der Ritter nach dem grünen Wiesenfleck: Zur „Krummen Au“.

Böhm.-Krumau als Bergstadt

Alois Meerwald
(*1886 Winterberg †1933 Böhmisch Budweis)

So wie viele andere Städte Südböhmens wurde auch Krumau vom Goldfieber ergriffen, und volle 360 Jahre hindurch blieben die Träume von den Reichtum spendenden Schätzen aus den Tiefen des Erdreiches rege. Aber nur 80 Jahre lang blieben die Mühen der Bergherren und ihrer Leute lohnend. Dann versiegte die Ergiebigkeit der Erze und alle Versuche, den Bergbau wieder zur Blüte zu bringen, schlugen fehl.

Im Jahre 1422 erhielt der Rosenberger Ulrich II. das Recht, eigene Münzen zu prägen, also gerade in der Zeit, als der aus dem Lager der Hussiten in die katholischen Reihen zurückgekehrte Herr auf Krumau von Žižkas Truppen hart befehdet wurde. Es handelte sich Ulrich nun darum, auch das Edelmetall zur Münzprägung zu sichern, weshalb er nicht nur Schürfungen auf seinen Besitzungen vornehmen, sondern auch noch Urkundenfälschungen begehen ließ, um sich selbst und seinen Nachkommen das Bergrecht zu beschaffen.

Aber erst 50 Jahre später, unter der Regierung Heinrichs IV. (1472–1478), kam Schwung in das Bergwesen, und nun begann auch die Zeit der Blüte für den Krumauer Bergbau. Im Jahre 1475 erhielten die Krumauer Gewerken die ersten Privilegien: das Schürf- und Baurecht, das Jagdrecht, die Befreiung von den Abgaben auf 10 Jahre und den freien Holzbezug aus den herrschaftlichen Wäldern. Diese Privilegien wurden im Jahre 1506 durch Peter und Jobst noch erweitert.

Nicht weniger als 20 Stollen standen in den Jahren 1520–1540 in Betrieb, und der Gold- und Silberbergbau entwickelte sich vielversprechend. In der nächsten Nähe der Stadt, vor dem Obertor im Roßzipf, beim Schwalbenhof, beim Hessenbrunn, Hl. Geist, auf dem Kreuzberg, Spitzenberg usw. sowie in der Nähe von Dumrowitz, Přisnitz, Priethal, Pohlen, Tweras und Kalsching wurden Stollen gebaut, aus denen die zumeist sächsischen Bergleute Edelerz förderten. Schon um das Jahr 1525 wurden die gewonnenen Erze in der zu Krumau errichteten Schmelzhütte eingeschmolzen, und in den Jahren 1530–1540 wurden rund 22.000 Mark Gold und Silber gewonnen.

Kurz darauf kam der Niedergang. Die Ergiebigkeit der Erze ließ nach, und der Bergbau lohnte sich immer schlechter und schlechter.

Damit drohte aber auch eine der guten Einnahmequellen der Rosenberger zu versagen, und Wilhelms Hofhaltung kostete Geld, sehr viel Geld, und Wilhelm brauchte Gold oder Silber. Daher kam es ihm sehr gelegen, daß in Ratibořitz bei Tabor reiche Silbererze zutage gefördert wurden. Wilhelm trat den Gewerken von Ratibořitz bei und erwirkte von Kaiser Rudolf II. das Recht, Silbererze aus Ratibořitz in Krumau einschmelzen zu dürfen. Die Krumauer Bergwerke hingegen verfielen, Gold wurde seit 1580 überhaupt nicht mehr gewonnen.

Der Niedergang des Bergbaues und wohl auch das Auftreten der Jesuiten veranlaßte viele Bergleute, die meist Protestanten waren, zur Auswanderung nach Rudolfstadt bei Budweis und nach Ratibořitz, und an beiden Orten blühte das Bergwesen auf.

Der letzte Witigone Peter Wok, der so wie sein Bruder Wilhelm mit ständigen Geldschwierigkeiten zu kämpfen hatte, wollte unter allen Umständen das Bergwesen wieder nutzbringend gestalten. Auch als er die Herrschaft Krumau an den Kaiser Rudolf II. verkauft hatte, behielt er sich die Bergwerke und die Schmelzhütte bis zu seinem Tode als Eigentum vor. In einem den Gewerken erteilten Privileg bestätigte er den Gewerken nicht nur alle bisherigen Rechte, sondern sicherte auch allen Gewerken und Bergleuten seinen Schutz gegen die sie bedrängenden Gläubiger auf drei Jahre zu. Aber alle Maßnahmen blieben vergeblich.

Die Schmelzhütte blieb bis zu Peter Woks Tode (1611) in Betrieb. Das gewonnene Silber mußte ihm nach Wittingau zugeführt werden, aber die Betriebsauslagen blieb Peter meist schuldig, weshalb er häufig zur Zahlung gemahnt werden mußte. Unter Rudolf II. wurde die Schmelzhütte stillgelegt.

Auch die Eggenberger erhielten 1640 das Recht, eigene Münzen zu prägen, sie ließen aber das Erz hiezu anfänglich wohl in Ratibořitz einschmelzen. Nach einigen Jahrzehnten ließen sie wohl die Krumauer Schmelzhütte wieder einrichten, im Jahre 1691 wurde hier noch Silber geschmolzen. Dann aber ging auch die Ergiebigkeit der Erze von Ratibořitz zu Ende, und der Betrieb in der Schmelzhütte zu Krumau wurde für immer eingestellt.

Alle späteren Versuche, den Bergbau wieder zu beleben, scheiterten. Unter der Regierung Johann Christians von Eggenberg wurde der Johannesstollen bei Dumrowitz wieder in Betrieb gesetzt (1697–1710), brachte aber nur Geldverluste. Im Jahre 1726 ließ Fürst Adam Schwarzenberg wieder an der Schmelzhütte bauen, ohne daß indessen der Bau zu Ende geführt worden wäre. Die wenigen noch bei Krumau gewonnenen Erze wurden in Suchenthal eingeschmolzen.

Im Jahre 1766 veranlaßte der Herrschaftsdirektor Ambrozowsky die Wiedereröffnung des Silberbergwerkes bei Tweras und erzielte ebensolche Mißerfolge wie die Stadtgemeinde Krumau, die im Jahre 1784 den Bau auf dem St. Johann-Erb-Stollen aufnahm. Später versuchte es die Stadt noch mit dem Joh. Nepomukstollen am rechten Moldauufer (südlich der Schießstätte), stellte aber im Jahre 1832 den Betrieb auch hier gänzlich ein, weil sich die Bürgerschaft weigerte, Zahlungen für die Betriebskosten zu leisten.

In der jüngsten Zeit entwickelte sich in Krumau der Grafitbau, der eine Zeit hindurch mit Erfolg betrieben wurde. Bald nach dem Ersten Weltkriege stellte auch das Grafitwerk seinen Betrieb ein und der Bergbau in Krumau hat ganz aufgehört.

Der Räuberfelsen

Karl Franz Leppa
(*1893 Böhmisch Budweis †1986 Weißenburg)

Märlein wachsen bald so häufig, wie Sternschnuppen fallen um Laurenzi. Und so erzählt wieder ein anderes und will auch das Richtige und Rechte wissen.

Auf dem Felsen über der „Krummen Au“ ist im finstern Wald und Gestrüpp ein arges Räubernest gewesen. Das wollten die Herren von Rosenberg ausnehmen und fielen denn eines Tages mit einem Haufen grimmer Spießknechte über die Galgenvögel her, rupften sie tüchtig und henkten sie an den nächsten Bäumen auf. Da fielen hernach den Fischern und Jägern wieder alle lustigen Liedlein ein. Die Rosenberger ließen aber alsogleich auf dem steilen Räuberfelsen eine Burg bauen, damit Recht und Gerechtigkeit hier fortan eine Herberg’ hätten. Einer um den anderen baute dann seine Hütte an den Burgweg hin, und das Burggäßlein nannten sie im Gedenken an die Räuberzeit „Latron“, weil im Lateinischen der Räuber „Latro“ heißt. Davon hat noch heute der Stadtteil Latron seinen Namen.

Der Schloßtürmer

Alois Meerwald
(*1886 Winterberg †1933 Böhmisch Budweis)

„Da Türmernazl hat'n Huat verlor'n!
Wo is er denn g'fund'n wor'n?
In der Wulda d'rinn!"

So lautet der Vers, den sich die Krumauer zu dem Lied, das der Schloßtürmer alltäglich vom 1. Mai bis zum 1. Oktober bei jedem Stundenglockenschlag zwischen 9 Uhr vormittag und 4 Uhr nachmittag bläst, zurecht gereimt hat. Der Schloßtürmer mag welchen Namen immer führen, im Volksmunde ist und bleibt er der „Türmernazl".

Auf dem Schloßturme gab es seit altersher zwei Türmer, die ihre lustigen Weisen in alle Winde schmetterten. Wilhelm von Rosenberg stellte im Jahre 1561 einen ganzen Chor von Posaunenbläsern an, dessen Mitglieder von der Herrschaft mit Lohn, Kost und Kleidung beteilt wurden. Dieser Chor mußte täglich - außer an Freitagen und Samstagen - nach dem Mittag- und Abendläuten ein Liedchen zum besten geben und hatte außerdem die Aufgabe, im Bedarfsfalle auch in der Kirche zu musizieren.

Die Posaunenbläser, die unter der Aufsicht Linhart Grubers standen, hatten fleißig zu üben. Wilhelm war sehr ungehalten darüber, wenn sie einige Male hintereinander ein- und dasselbe Liedchen spielten, und auch die Schloßherrin war sehr anspruchsvoll. Sie wünschte bald französische, bald italienische zarte Weisen zu hören, und die Bläser mußten immer Neues studieren. Jeden Montag, Mittwoch und Freitag fanden gemeinsame Übungen statt. Um den Chor möglichst zu verstärken, durfte Linhart Gruber Posaunen und Fanfaren an lernbegierige Musikschüler verleihen, welche auch gelegentlich der Chorübungen guten Unterricht genossen.

Die Posaunenbläser durften mit Bewilligung des Schloßherrn auch über Land gehen und in den Orten der nächsten Umgebung aufspielen und Nebenverdienste erwerben. Die Musiker scheinen aber sehr hitzköpfige Leute gewesen zu sein und dürften recht oft Raufhändel hervorgerufen haben, denn Wilhelm sah sich genötigt, sie zu anständigem Benehmen zu ermahnen.

Der Bläserchor ist bald wieder aufgelöst worden. Heutzutage bläst nur der einzige Türmer seine traulichen Melodien, die aber ebenso warm ans Herz klingen, wie die Fanfaren Wilhelms klingen mochten. Es liegt viel Innigkeit und Wärme in dem Türmerliedchen und viele Literaten und Komponisten schöpften Anregung zu neuem Schaffen aus den melodiösen Weisen des Türmers.

Vácslav Jansa: Krummauer Gassenszene

Krummau

Helmut Doyscher
(*1935 Krummau)

Es hat die Moldau
noch ihre Kühle,
und die Spiegelung des bräunlichen Wassers
vermittelt Dir
durch Dein Erinnern
die Bedeutungslosigkeit
großer Gesten,
beugst Du Dich übers Brückengeländer.

Lehnst Du die Stirn an den Rost
der Gitter vergangener Jahrzehnte,
um Kaddisch zu sprechen
für Deine Verflossenen -
Ungesungenes wird -
die Vielzahl der Jahre.

Die Begriffe der Unverlierbarkeit haben sich
auch um das Wissen des Windes erweitert -
die Wälder, woanders so oft vergänglich,
kamen hier wieder,
und überwuchsen unsere Toten.

Jedes Mal,
und jedes Mal erneut
wird es Dir immer schwerer,
Dich in die Fremde zurückzufinden.

Das Schloß B.-Krumau und seine Baugeschichte

Alois Meerwald
(*1886 Winterberg †1933 Böhmisch Budweis)

Das Krumauer Schloß, nach dem Hradschin die größte Burg Böhmens, war ursprünglich nicht ein einheitlicher Bau wie heutzutage. Im 13. Jahrhundert standen auf dem Schloßberge zwei voneinander abgesonderte Burgen, die obere und die untere. Die beiden Festen erhoben sich auf den höchsten Kuppen des Schloßberges und waren durch tiefe Gräben und selbständige Wehranlagen gegen Angriffe und Überfälle gesichert. Aus den verschiedenen gotischen Bauresten ist der Bestand der beiden Festen heute noch deutlich zu erkennen.

Von der Latron aus führen zwei Zugänge in die Schloßanlagen: die Hofstiege und das Haupttor, das einfache, durch ein Gitter verschlossene „Rote Tor“. Links vom Tor steht das „Fürstenhaus“, in welchem ehemals das Rathaus der Latron untergebracht war.

Durch das Rote Tor gelangen wir auf den ersten Schloßhof, den sogenannten Tummelplatz, der zur Abhaltung der Ritterspiele und Turniere bestimmt war.

Im 14. Jahrhundert wurde eine Reihe von Wirtschaftsgebäuden auf dem Tummelplatz gebaut und auch die Brauereien wurden hierher verlegt. Die meisten der heutigen Wirtschaftsgebäude stammen aber ebenso, wie der im Spätrenaissancestil gehaltene Brunnen, schon aus der Zeit der Schwarzenberger.

Eine Brücke und ein zweites Tor führen uns aus dem Tummelplatz in das eigentlich Schloß. Die Brücke, ehemals eine Zugbrücke, wurde im Jahre 1760 in der heutigen Gestalt gebaut und mit einer Josef- und einer Marienstatue geschmückt. Unter der Brücke befindet sich der Bärenzwinger, in dem heute noch zwei Bären gehalten werden.

Einen überwältigenden Anblick genießen wir, wenn wir uns auf der Brücke nach links wenden, und unwillkürlich verharren wir in stiller Andacht vor einem Wunderwerke menschlichen Fleißes. Schon auf dem Wege aus der Stadt nach dem Schlosse fesselt uns der Blick auf das Schloß von der hölzernen Baderbrücke aus; auf jäh aus der Moldau aufsteigendem trotzigem Felsen türmten Menschenhände einen Bau auf, der eines der verwegensten Meisterwerke darstellt, die zur Zeit der Erbauer des Schlosses geschaffen worden sind. Wir können uns kaum eine Vorstellung von den aufregenden Anstrengungen machen, mit denen die Bezwinger des mächtigen Felsens zu kämpfen hatten, um dem klotzigen Gestein den luftigen, stellenweise zierlichen, in seiner Gesamtheit aber majestätischen Bau abzuringen. Wir können die kühne Leistung nur bewundern, und unsere Bewunderung wird sich ins Unfaßbare steigern, wenn wir in Betracht ziehen, mit welch primitiven technischen Hilfsmitteln und unter welchen Zeitverhältnissen die Roboter die Burg hervorzauberten.

Das mit den Wappen der Rosenberger, Eggenberger und Schwarzenberger gezierte Tor war ursprünglich von einem Turm gekrönt, der im Jahre 1589 abgetragen worden sein dürfte. Das Torgebäude stammt aus dem 16. Jahrhundert, aus einer Zeit, als mit dem Reichtum der Burgherren auch die Zahl der Dienerschaft zunahm und zu deren Unterbringung neue Räume geschaffen werden mußten.

Durch den gewölbten Torgang gelangen wir auf den Gardeplatz, einen hellen, freundlichen Hof, dessen friedliche Stimmung auch die vor der Hauptwache stehenden Kanonen und die alten, Posten stehenden Grenadiere nicht zu beeinträchtigen vermögen. Die Geschütze mögen dereinst unheilbringende Waffen gewesen sein, in der heutigen Zeit, da die Technik der Mordwerkzeuge auf so raffinierte Vollkommenheit hinweisen kann, muten sie wie Spielzeug an. Das erste Geschütz, das die Inschrift

„Ein doppeltes Falconed heis ich
der rosen zu ehren bin ich“

trägt, stammt aus der Zeit der Rosenberger, das zweite aus der Zeit der Eggenberger 1644, das dritte ist ein Kruppgeschütz aus dem 19. Jahrhundert, das vierte mit der Inschrift

„Die Nachtigal
wenn niemand singen will, sing ich,
ober berg und dal hort man mich“

ist wieder ein Rosenbergsches und so wie das erste vom Meister Arnold gegossen.

In der linken unteren Ecke des Gardeplatzes erhebt sich das „zierliche Schlössel“, ehemals eine selbständige Burg, die im 13. Jahrhundert durch künstliche und natürliche Wehranlagen gesichert und durch einen tiefen Graben vom Gardeplatz getrennt war. Die Burg hatte zwei Türme. Der höhere wurde im Jahre 1580 gleichzeitig mit dem Schlüssel durch den Baumeister Balthasar Maio de Vonio umgebaut und in seiner heutigen Gestalt aufgeführt, der niedrigere 1589 abgetragen. Zur selben Zeit wurde auch der Graben auf dem Gardeplatz ausgefüllt. Aus dem Schlössel führte ein Gang in das Kloster und von hier in den herrschaftlichen Obstgarten in der Neustadt. Das Schloß enthielt 27 Stuben, 24 Kammern, 5 Kanzleien, eine Kirche, 6 Gänge, 9 Keller, eine Backstube und einen Stall für 29 Pferde. Heute ist im Schlössel die Herrschaftsdirektion untergebracht.

Auf den auf fünf Meter dicken Mauern ruhenden Turm führen 204 Stufen. In seinem Untergeschosse befand sich das Burgverließ, in das die Gefangenen durch eine noch heute sichtbare Nische hinabgelassen wurden. Turm und Schlössel geben der Stadt jenes romantische Bild, das in den Herzen der Besucher der Stadt einen so tiefen und nachhaltigen Eindruck hinterläßt.

Das links an das Schlössel anschließende Torgebäude, gegen Ende des 16. Jahrhunderts erbaut, weist interessante Malereien auf. Neben kunstvollen, ornamentalen Zeichnungen fallen uns die sinnbildlichen Figuren an den Wänden auf: Fortitudo, die

Tapferkeit, Temperantia, die Mäßigkeit, die biblische Judith mit dem Haupte des Holofernes, Lucretia, die Gattin des Römers Tarquinius Collatinus, die sich aus Gram darüber, daß sie von Sextus Tarquinius entehrt wurde, ein Schwert in die Brust stößt, und der italische Feuergott Vulcanus sind durch gut erhaltene Fresken mehr oder minder kunstvoll dargestellt.

Das rechts an das Schlössel anstoßende Gebäude wurde erst unter den Eggenbergern errichtet. Vorher war hier ein Garten, auf dessen Boden Johann Christian im Jahre 1685 ein Münzhaus bauen ließ, das später als Jägermeisterwohnung bestimmt wurde. Daher das Hirschengeweih über dem Eingang. Als das Gebäude im Jahre 1728 zum Teil abbrannte, ließ Fürst Adam Franz von Schwarzenberg auf die beiden stehengebliebenen Stockwerke ein neues stockhohes Gebäude aufbauen, das heute Kanzleien und Beamtenwohnungen enthält. In den gewölbten unteren Räumlichkeiten ist ein reichhaltiges Archiv untergebracht. Der vor dem Hause stehende Brunnen, im Spätrenaissancestil gehalten, ist unter den Schwarzenbergern erbaut worden.

Eines der eigenartigsten Gebäude auf dem Gardeplatze ist der oberhalb der Hauptwache stehende „Schmalzkasten“, so genannt, weil hier das Butterschmalz für die Deputatbeamten gekocht wurde. Das Haus ist eine der ältesten Schloßbaulichkeiten. Es bestand schon, als noch die beiden Burgen voneinander getrennt waren. Zwischen der Hochburg und dem Schmalzkasten lag der tiefe Burggraben, über den eine Zugbrücke führte, die aus dem oberen Burgtor in das erste Stockwerk des Schmalzkastens einmündete.

Wer eine unvergeßliche Rundsicht über Krumau genießen will, besteige vom Gardeplatze aus den Schloßturm und verweile eine Zeitlang auf der Turmgalerie. Eine schier unerschöpfliche Fülle malerischer Motive bietet sich dem menschlichen Auge dar; aufeinandergeschachtelte Häusergruppen, dazwischen hochragende Gebäudekolosse und schlanke Türme, dann wieder ganz kleine Häuschen, wie Schwalbennester an Berg und Uferlehnen angeklebt, und ein entzückendes Wirrwar von Dächern. Und durch das romantische Ganze windet sich die Moldau hindurch. Wie eine freche Eidechse hat sie sich durch das Gewirre Bahn gebrochen und bald da, bald dort erglänzen die silberhellen Wasser in der Sonne. Im Hintergrunde erheben sich ringsherum farbenreiche Berge und Hügel, die mitunter ganz nahe an das Stadtbild herantreten, als wollten sie - eifersüchtig über die Schönheit da unten - die Stadt zermalmen und unter sich begraben.

Vom Gardeplatz führt eine gebohlte Auffahrt in die Hochburg. Auch die Hochburg war durch einen Turm gekrönt, der 1580 abgetragen wurde. Die Auffahrt wurde im Jahre 1334 errichtet. Vorher war die Zufahrt in die Burg nur von der anderen Seite möglich.

Durch ein mit den Wappen der Rosenberger, Eggenberger und Brandenburger geschmücktes Tor gelangen wir in einen gewölbten Torgang, der uns durch ein Fenster zur linken Hand nochmals einen reizvollen Ausblick auf die Stadt gewährt und zur rechten Hand gewaltige Felspartien aufweist, die durch geschickte Menschenhände zu Teilen des Mauerwerkes und der Stiegenaufgänge zurechtgemeißelt wurden. Der Torgang führt uns in den dritten Schloßhof, den Kapellenhof. Er ist nicht so hell und freundlich wie der Gardeplatz, sondern geheimnisvoll ernst und versetzt uns in eine träumerische weihevolle Stimmung. Unwillkürlich eilen unsere Sinne in die Zeit des ritterlichen Glanzes auf Krumau zurück, und sagenumrankte Gebieter auf Krumau stehen vor unsern Augen.

„Welch ein Gedränge schattenhafter Gestalten in den alten Mauern!" schrieb August Sperl, als er im Jahre 1893 in Krumau weilte, um Quellenstudien für seine herrliche Dichtung *Die Söhne des Herrn von Budivoj* zu unternehmen. „Alle kommen sie, von Witigo, dem sagenumhüllten Erbauer der Burg, von den minnefreudigen Türmergenossen des alten Liechtensteiners angefangen bis herunter auf Wilhelm den Prächtigen, den Vorletzten aus dem Geschlechte der Rosenberger. Hier tafeln seine Gäste, und die Höfe des Schlosses hallen wider von ihren ungeheuren, unbeschreiblichen Gelagen. Dort wandelt einsam König Wenzel, der Mißgestaltete, der Vielverlachte unter den deutschen Königen: Er ist der Gefangene Heinrichs von Rosenberg. Hier sinnt der zweite Ulrich, wie er seine Länder vor den tobenden Hussiten schützen

A. J. Alex: Die Stadt an der Moldau

möchte, dort wiegt seine unglückliche Tochter nach anderthalb Jahrhunderten als gespenstige weiße Frau des Hauses den letzten ihres Stammes, den kleinen Wok, und durch jenes Tor verläßt dieser Wok die Burg seiner Väter auf Nimmerwiederkehr."

Die Hochburg, die uns von der Stadt aus als einheitlicher Bau erscheint, besteht aus mehreren Gebäuden, die erst im 16. und 17. Jahrhundert gleich gemacht und unter ein gemeinsames Dach gesetzt wurden. Die gegen den Blätterbach zu gelegene Schloßseite zeigt noch das alte Gepräge. Die Hochbauarbeiten wurden zur Zeit Ulrichs in den Jahren 1444–47 vom Baumeister Andersen geleitet, die heutige Höhe erreichten sie erst in den Jahren 1682–87 durch den Baumeister de Maggi. Die Hochburg trug einen Turm, den Bergfried, für dessen Bau die Felsen so ausgenützt wurden, daß sie fast in die Höhe des ersten Stockes des Turmes reichten.

Die Freskomalereien im Kapellenhof stammen aus dem Jahre 1588. Vom Kapellenhof führen eine Haupttreppe und zwei Wendeltreppen in die herrschaftlichen Gemächer, die ihr mittelalterliches Gepräge zum Teil behalten haben. Eine stattliche Reihe von Gemälden aus dem 16., 17. und 18. Jahrhundert und aus neuerer Zeit schmücken Zimmer und Gänge, vorwiegend Porträts, aber auch landschaftliche und historische Motive.

Die Hochburg verfügt über eine sehenswerte Kapelle, die St. Georgskirche, die in den Jahren

1751 bis 1753 auf den jetzigen Zustand umgebaut wurde. Altar, Kanzel, Stuckatur und Marmorierung sind ein Werk des Wiener Meisters Matthias Andre. Ein schönes Marienbild als Altarbild und eine kunstvolle Georgstatue fesseln unsere Aufmerksamkeit. Von einer Schloßkapelle wird schon im 14. Jahrhundert Erwähnung getan. Sie wurde 1334 durch den Bischof Nikolaus von Regensburg eingeweiht, doch läßt sich nicht ermitteln, in welchen Räumlichkeiten sie untergebracht war. Die heutige Georgskirche wurde im Jahre 1576 durch den Prager Erzbischof geweiht. Allerdings hatte sie nicht den heutigen Umfang, da sie die Mauern eines Turmes in sich einschloß, dessen Spuren im ersten Stockwerke noch zu sehen sind. Anschließend an die Georgskapelle befindet sich die kleine Burgkapelle; eine dritte Kapelle, in der die Messen für die kranken Mitglieder der Herrschaftsfamilie gelesen wurden, weist das sogenannte „Rote Zimmer“ auf.

Ein eigenartiges Gemach ist der im westlichen Schloßflügel gelegene Masken- oder Redoutensaal, der Hirschensaal der Eggenberger, der im Jahre 1748 durch den Baumeister Spinetta neu hergerichtet wurde. „Ein Unikum“ nennt ihn August Sperl, „ein Unikum in seiner Art mit reizenden Wandmalereien, mit lebensgroßen, famos entworfenen Pantalonen, Pierots, Harlekins, Bauern, Rauchfangkehrern, Schloß-Grenadieren, Türken und Musikanten.“ Wer den Saal betritt, wird „vergnüglich schauen, behaglich lächeln.“

Nebenan liegt die herrschaftliche Bibliothek mit zahlreichen lateinischen, französischen, spanischen und italienischen Büchern aus dem 17. und 18. Jahrhundert. Der Bibliotheksraum war der Sprechsaal der Eggenberger, im Jahre 1748 wurde er in mehrere Zimmer für hohe Gäste abgeteilt. In den Jahren 1843 und 1844 wurden die Zwischenräume wieder niedergerissen, worauf die Einrichtung der Bibliothek erfolgte.

Auf dem Kapellenhofe führt uns ein Tor in den vierten Hof, den sogenannten Archivhof. Das zur linken Hand stehende, im Jahre 1513 vom Baumeister Pesnitzer an Stelle der baufälligen Wehrmauer errichtete Archivgebäude weist einen wundervollen Erker auf, der drei kunstvoll ausgearbeitete Wappen trägt: das Peter Woks, seiner Gemahlin Elisabeth von Kravaé und jenes des Herrn von Pernstein. Die der Frührenaissance angehörenden Fenstergewänder des Erkers und der benachbarten Fenster finden wir auch auf der Moldauseite des Gebäudes.

In den Kellerräumen des Archivgebäudes befand sich das im Jahre 1560 errichtete Bräuhaus, für das der Burggraf Krąín eine künstliche Wasserleitung bauen ließ. 1647 wurde das Bräuhaus in die Neustadt verlegt.

Aus dem Archivhof gelangen wir über eine kühne Brücke auf den Theaterhof. Die Mantelbrücke – so heißt der großartige Bau – war ehedem eine Holzbrücke und mündete in eine Zugbrücke aus. Im Jahre 1707 wurden die ersten gemauerten

Pfeiler errichtet und 1764 entstand die steinerne Brücke, die durch den Bildhauer Greißler mit Statuen Johann von Nepomuks, Wenzels und Felix' versehen wurde. Über der Brücke führen in drei Stockwerken Gänge aus dem Schloß ins Theater und in den Hofgarten.

Der Theaterhof, ein freier Platz, dessen Helligkeit von dem würdig-düsteren Ernst der beiden Höfe der Hochburg stark absticht, hat seinen Namen von dem Schloßtheater, das unter den Eggenbergern 1673 als Interimstheater gegründet wurde. In den Jahren 1680–82 entstand ein Neubau, für den der Maler Schaumberger aus Salzburg Dekorationen anfertigte. Im Jahre 1766 endlich erfolgte der Umbau des Theaters auf die heutige Gestalt. Die Malereien und Dekorationen sind Werke der Maler Wetschel und Merkel aus Wien.

Eine steil ansteigende Straße, deren linke Seitenwand uns entzückende Ausblicke auf die Stadt gestattet, führt uns in den ausgedehnten Hofgarten, der, in drei Etagen abgeteilt, über 100.000 Quadratmeter mißt. Die obere Abteilung bietet ein herrliches Gemenge von kunstvollen Blumenanlagen und schattigen Waldpartien mit an den beiden Seitenwänden dahinziehenden, schnurgeraden, im französischen Stile zugeschnittenen Buchenalleen. Im Parke steht das Lustschlößchen Bellaria, ein in Rokokomanier gehaltenes Gebäude, das im Jahre 1708 errichtet und unter Josef Adam von Schwarzenberg umgebaut wurde. Ein kunstvolles eisernes Stiegengeländer führt in das Schlößchen, das innen mit Bildern des Malers Prokysch geziert ist, die durchaus Liebesszenen darstellen. Die Bellaria soll angeblich Zeuge mancher Orgien gewesen sein. Da der Zutritt in das Schlößchen den Dienstpersonen verboten gewesen sei, wären Speisen und Getränke durch eigene Apparate in die Bellaria geschafft worden. Das südwestliche Ende der oberen Hofgartenabteilung wird durch einen Teich abgeschlossen, der eine kleine Insel umspült.

Der Hauptweg in der Mitte des Parkes geleitet uns in nordöstlicher Richtung über zwei steinerne Treppen an einem Wasserkunstwerk vorbei in die mittlere Hofgartenabteilung. Das Wasserkunstwerk, in dessen unterstem Bassin Goldfische gehalten werden, ist mit einem Standbild Neptuns und mit Tritonen- und Nymphenfiguren geschmückt. Die untere Abteilung des Hofgartens endlich ist als Sommerreitschule eingerichtet worden, an die sich die von Altomonte erbaute Winterreitschule anschließt.

Erinnerungen an Krummauer Studentenbuden

Gustav Jungbauer
(*1886 Oberplan †1942 Prag)

Wie viele schöne, liebe, heitere und süß-wehmütige Erinnerungen knüpfen sich an diese alten Buden, die wir auswärtige Studenten bewohnten, in welchen ganze Generationen einander ablösten, in welchen nicht selten eine strenge Zucht und fast mittelalterliche Über- und Unterordnung herrschte, in welchen die kleinen Untergymnasiasten ehrfurchtsvoll zu den Herren Obergymnasiasten emporblickten, deren gehorsamste Diener und Laufburschen sie waren. Schmeichelhaft war der Name gerade nicht, mit welchem wir in unseren Kreisen die Kostfrauen zu bezeichnen pflegten, und für uns gedankenlose Jungen waren sie alles andere eher als eine Autorität, als ein wichtiger Erziehungsfaktor.

Aber sie verdienen ein Gedenkblatt in der Geschichte des Gymnasiums. Sind sie doch selbst ein Stück Geschichte, hat doch ihre Einflußnahme auf die jungen Brauseköpfe, ihre erzieherische Mitarbeit die des Gymnasiums in einem beträchtlichen Maße bei jenen Schülern ergänzt, die weder bei Angehörigen, noch im Studentenheim wohnten.

In viele Buden habe ich hineingeblickt, so zu der noch heute rüstigen, braven Studentenmutter Höpfler in der Langen Gasse oder in die romantische Räuberburg des Studentenheim-Höpfler am

Obertor mit den prächtigen Wandgemälden oder zur Frau Schubert, deren Quartier als das vornehmste galt, und daher nur von besonders bemittelter Eltern Kindern bewohnt wurde, oder zu unserem alten Schuldiener Paternos, der immer so wenig Mut an den Tag legte, wenn die Studenten im Karzer brummten, während seine schneidige Ehehälfte sich eher bewegen ließ, Würsteln, Bier und Zigaretten heimlich hineinzuschmuggeln – – aber näher liegen mir jene fünf Studentenbuden, in welchen ich während der achtjährigen Schulzeit herumzigeunerte, weshalb ich mich bei meinem kurzen Rückblick darauf beschränken will.

Als dummes Landbüberl, das eben erst zehn Jahre alt geworden war, kam ich 1896 in die fürsorglichen Hände der schon längst verstorbenen Frau Anna Höglinger in der Kirchengasse. Die „Alte", deren Schwester im Kloster bedienstet war, versah zu Hause ihre Pflichten, kochte vorzüglich, und es sind mir besonders ihre Zwetschkenknödel in dauernder, wohliger Erinnerung geblieben. Aber wichtiger als alles andere war ihr das eigene Seelenheil, und sie weilte oft lange in eifrigem Gebet in der Kirche und hielt auch uns zum fleißigen Beten an. Uns – das waren sechs Gymnasiasten. Der älteste und als Tyrann gefürchtete war der Oktavaner Holly, aus Mähren stammend. Ihm hatte die Frau Höglinger alle Hoheitsrechte im Hause übertragen, und er übte sie auch mit einer oft grausamen Strenge aus. So mußten wir Jüngsten, wenn er sich rasierte, vor ihm stehend den Spiegel halten, und wehe, wenn man dabei nicht ruhig war und er sich vielleicht gar schnitt! Neben ihm lag stets griffbereit das Rohrstaberl. Ja, sogar vor der Beichte rief er uns Jüngsten in sein Zimmer, um uns beim Sündenerforschen zu helfen. Und dies tat er so gewissenhaft, daß wir ihm eigentlich mehr Sünden beichteten als später in der wirklichen Beichte. Ein erfreuliches Gegenstück zu ihm war der zweite Oktavaner, Johann Andraschko aus Schillerberg bei Böhm.-Röhren, heute Geistlicher. Dieser sah oft lächelnd dem herrschsüchtigen Gebaren Hollys zu und trat ihm auch manchmal entgegen. Er liebte es, Schuldramen mit verteilten Rollen zu lesen, und so erfüllten wir an manchem Winterabend den Raum mit schauerlichen Deklamationen. Dem Range nach kam dann der Quintaner Herzog, heute Postbeamter in Graz, der die Opposition darstellte und auch der erste war, welcher gegen den Befehl unserer Herbergssmutter, an jedem Abend vor einem Stuhle kniend zu beten, Stellung nahm. Von uns drei Untergymnasiasten war Adolf Kallischek, jetzt Beamter im Ministerium des Äußern in Wien, schon Sekundaner, daher auch nicht verpflichtet, abends das Bier aus der Traube zu holen, was dem weiteren Mitbewohner Johann Bandas, der wie ich noch in der Prima saß, oft Gelegenheit zum Zähneknirschen gab. Er befreite sich aber bald von diesem erniedrigenden Dienste dadurch, daß er erklärte, wenn man ihn nochmals schicke, würde er alle Gläser beim nächsten Hauseck in Scherben schlagen.

Krummauer Vedute (um 1900)

Also eine bunte Welt in einer altertümlichen, aber gemütlichen Behausung. Unsere Wohnung bestand aus einem großen Zimmer, in dem Holly wohnte und in der Nacht auch die Schwester der Kostfrau schlief, einem kleineren, länglichen Zimmer, in welchem drei Studenten schliefen und welches das eigentliche Wohn- und Studienzimmer war, einem ganz kleinen, finsteren Kämmerlein, in welchem zwei schliefen, und der Küche, in welcher auch das Bett der Quartierfrau stand. Das Wohnzimmer hatte an Stelle der Fenster nur eine Glastür, welche auf einen hölzernen Balkon hinausführte. Dieser war unser liebster Aufenthalt in der schönen Jahreszeit. Das Haus steht auf einem Felsen, vor uns rauschte die Moldau, und jenseits breiteten sich behaglich die Knaben-Volks- und Bürgerschule und die Bezirkshauptmannschaft aus, links davon machte das frische Grün des Jesuitengartens den etwas kühlen und nüchternen Eindruck dieser Amtsgebäude für den Beschauer annehmbarer. Auf diesem Balkon konnten wir uns nach Kräften ausbrüllen, austoben und ausraufen. Und wir machten dies so ausgiebig, daß einmal sogar von einer jenseits der Moldau wohnenden Frau über unser flegelhaftes, Ärgernis erregendes Treiben eine Beschwerde einlief. Gar manchen Ärger mußte unsere liebe und gütige Frau Höglinger mit uns ausstehen. Aber wenn ihr einmal die Geduld riß, verstand sie auch zu strafen. So, als wir Jüngsten von dem heidnischen Sonnwendfeuer einst erst um Mitternacht heimkehrten, erwartete sie uns in der dunklen

Küche, die wir alle passieren mußten. Und jeder mußte mehr oder weniger Haare lassen, je nachdem er schneller oder langsamer der strafenden Hand entrann. Im nächsten Schuljahr gab es wieder neue Bewohner der Bude, aber die Eindrücke waren nicht mehr so tief und nachhaltig wie im ersten Jahre, wo alles neu gewesen war.

Nach der ersten Konferenz des dritten Schuljahres, die für mich - zum Lernen ließ uns von Anfang an die viele Gesellschaft und Geselligkeit nicht viel Zeit übrig - sehr betrüblich ausgefallen war, schnürte ich mein Ränzel und wanderte in eine andere Bude, die mich schon lange gelockt hatte. Dies war bei dem Vorschneider Böhm, der in der Breiten Gasse im Hintergebäude des Zückerthauses wohnte. Dort war wieder Aussicht auf die heimatliche Moldau, dort konnte man stundenlang zusehen, wenn die Bräuhausbinder lustig und im Takte die Riesenfässer umreiften. In dieser Bude wohnte bereits ein Landsmann Sedlaček, dessen Vater Gerichtskanzlist in Oberplan war. Dem armen Burschen machte die deutsche Sprache noch große Schwierigkeiten, weshalb er schwer dem Unterrichte folgen konnte und Mißerfolg über Mißerfolg hatte, worauf noch ein anderer Umstand einwirkte, nämlich seine wahnsinnige Verliebtheit. Aber seine Bude hatte große Vorzüge. Man hatte volle Freiheit, es gab keine Aufsicht, man durfte rauchen, man konnte gehen und kommen, wann man wollte. Sedlaček, der es später in Deutschland zu einer angesehenen Stellung brachte und ein Fräulein heiratete, das allen Krummauer Studenten wegen seines liebenswürdigen Wesens in freundlichster Erinnerung ist, war damals im Rausch der ersten Liebe zu einer entfernten Verwandten, die er scheinbar nur ein einziges Mal gesehen hatte. Sie hieß Anuschka und war ein ganz kleines Backfischerl. Da Sedlaček auch die tschechische Sprache nicht vollkommen beherrschte, hatte er sich mit einem tschechischen Schreiber der Bezirkshauptmannschaft befreundet, der einmal wöchentlich auf die Bude kam und half, einen möglichst geistreichen Text für die fünf bis sechs Ansichtskarten, die jedesmal geschrieben wurden, zu verfassen. Sie waren hiebei so gründlich, daß sie oft zwei Stunden zu dieser Arbeit brauchten. Diese Anuschka beschäftigte meinen Zimmergenossen Tag und Nacht. Jede Nacht träumte ihm von ihr, und daher war auch jeder Morgen derselbe. Er erwachte als erster und schrie dann so lange zu meinem Bett hinüber, bis ich erwachte. Dann erzählte er seinen Traum, und wir beide zerbrachen uns bei dessen Auslegung die Köpfe. Dieses Leben mußte natürlich zu einem schrecklichen Ende führen. Im Frühling waren wir mit dem Kostherrn in eine andere Wohnung übersiedelt, und dort erfolgte zu Schulschluß die Katastrophe. Bei mir gab es auf dem Zeugnis lauter „genügend“ mit Ausnahme des üblichen „lobenswert“ im Turnen, des einzigen Lichtblicks, den gar manche trüben Zeugnisse unserem strammen und seelensguten Turnvater Holzinger verdankten. Bei Sedlaček aber waren die „nicht genügend“ in überwiegender Mehrheit vertreten. Und so war denn der Tag der Zeugnisverteilung sehr traurig, und ich mußte meinen Freund vor dem Ärgsten noch durch heimliche Beseitigung der Liebesbriefe aus dem Koffer bewahren, den der mißtrauische Herr Papa, nachdem er mit dem Sohn einen Rundgang bei den Herren Professoren gemacht hatte, gründlich visitierte.

In den nächsten zwei Jahren wohnte ich am Obertor bei Frau Pfeifer, und die Erinnerungen an jene Jahre, wo ich zum ersten Mal in dem engeren Kreis einer freundlichen, wackeren Familie lebte, gehören zu den schönsten. Mit mir wohnten der Sekundaner Winzig, der später die väterliche Rote Mühle bei Kalsching übernahm und der Tertianer Schiman, Sohn des auch als Schriftsteller bekannten Försters. Das waren die Jahre, wo man sich nicht mehr auf dem Niklasberg herumtrieb oder Kletterversuche auf dem Kalkfelsen machte, sondern wo großzügige Indianerspiele auf dem Weichselbühel in Blüte standen, und daher auch wieder wenig Zeit zum Studium blieb.

Doch als man als Quintaner und Obergymnasiast der Aufnahme in eine geheime Verbindung für würdig befunden wurde, trat der gewaltige Umschwung ein. Dies war auch die wichtigste Ursache, daß aus dem bisherigen Faulenzer, der gerade nur so viel zu lernen pflegte, um in die höhere Klasse hinaufzuschlüpfen, später ein ernster Schüler wurde. Und welch ein prickelndes Gefühl war es damals, als ich zum ersten Mal in ständiger Furcht, daß bei der Tür irgendein Professor oder gar der Direktor eintreten könnte, in dem Nebenzimmer unseres Studentenvaters „Spezi“ auf der Hofstiege saß, wo Generationen von Studenten ein- und ausgegangen waren. Dieser wackere Mann, Kajetan Spitzenberger, der durch Jahrzehnte Leid und Freud’ mit uns Studenten geteilt hat, stets frohgelaunt gewesen ist und gern ein Auge zudrückte, wenn die Kreuzerlein irgendeines armen Studio nicht ausreichten zur Zahlung der Zeche, wird sicher allen ehemaligen Krummauer Studenten in dauernder, dankbarer Erinnerung bleiben. Und alle werden mit aufrichtiger Teilnahme von dem düsteren Lebensabend dieses treuen, deutschen Mannes erfahren haben, dem der unselige Krieg gleich beide so tüchtigen und lebesfrohen Söhne geraubt hat.

Von der Sexta an hatte ich den gemeinsamen Buden Lebewohl gesagt und bewohnte nun immer allein ein eigenes Zimmer, zunächst bei einer auch heute noch rührigen Studentenmutter, der Frau Müller im Thallerhause. Da konnte man vom Fenster aus das frohe Treiben in der gegenüberliegenden Mädchenbürgerschule beobachten, sich mittels Zeichensprache verständigen und statt Briefmarken Zopfbänder in allen möglichen Farben und Formen bei den allerliebsten, neckischen Kleinen sammeln. Und jene Tage, in welchen schon ein klein wenig Bartflaum auf der Oberlippe des Studiosen hervorlugte, brachten auch das erste und schönste Glück des Menschenlebens, die tausendmal und abertausendmal, aber nie so recht wirklich besungene Zeit der ersten Liebe. Dieses frohe, gehobene Bewußtsein, diese Zeit, in der man, wie auf Flügeln getragen, dahinschwebte, machte alles so leicht. Die Arbeit ging flott vonstatten, aus dem Kind wurde ein strebsamer Jüngling, der die Schule nicht mehr als eine lästige Nebensache betrachtete. Doch es waren nur Tage und Wochen, aber nicht Jahre. Keines Menschen Glück ist dauernd. Von diesem Jahre an ging es, vielleicht auch, weil es zu Hause im einsamen Zimmer keine Ablenkung gab, aufwärts, und ich konnte von Halbjahr zu Halbjahr immer bessere Zeugnisse meinen erfreuten Eltern vorweisen. Frau Müller, diese ewig heitere Frohnatur, sorgte auch in jeder Richtung für ihre Schutzbefohlenen, ging oft zu den Professoren und berichtete dort, wie fleißig und unermüdlich der arme Student zu Hause über den Büchern sitze.

Die letzten zwei Jahre verbrachte ich in einem unglaublich kleinen, dafür aber umso behaglicheren Stübchen, wieder in demselben Hause am Obertor, wo ich schon in der Quarta und Quinta gewohnt hatte, aber bei einem anderen Kostherrn, dem ehemaligen Wirt zum Grünen Ast, Hrubesch. Dies war der Übergang zum ernsten Hochschulstudium. Jetzt begnügte sich der Gymnasiast nicht mehr mit dem, was die Schule bot, sondern griff weiter hinaus, las viel und versuchte, selbst zu schreiben. Und was für glückliche Stunden befriedigten Ehrgeizes waren es, wenn die *Deutsche Volkswehr* oder ein anderes Blatt ein, freilich unter falschem Namen veröffentlichtes, Geschichtchen brachte!

Dies sind die Jahre, in welchen der Student aus den engen, kleinen Studentenbuden hinauswächst in die große Welt.

Auf Schloß Krumau

Carl Gustav Carus
(*1789 Leipzig †1869 Dresden)

Krumau, 19. August 1837. Wie wunderbar wechseln die Lebenslagen des Menschen, zumal auf Reisen und zumal, wenn man mit einem Könige reist! Vorgestern im heftigsten Gewitter nach Steier, gestern schöner Mondscheinabend im Gasthof zum Stuck in Linz, nebenbei ein seltenes Nachtwächterlied, als hörte man den Priester die Litanei absingen, heute mittag reiches Diner bei geistlichen Herren in einer Abtei und heute abend hier im fürstlich Schwarzenbergschen Schlosse zu Krumau, prächtig mit Fackelreitern empfangen, und jetzt, nach opulentem Souper, im Zimmer mit Gobelintapeten und im rotdamastenen goldbesetzten Himmelbette liegend und schreibend!

Es war diesen Morgen sieben Uhr geworden, ehe die fürstlichen Personen sich trennen konnten und wir, aber diesmal in einer andern Ordnung, von Linz abfuhren. Der Morgen war prächtig, und wir kamen zuerst ein anmutiges reichbelaubtes Tal hinauf, am Schlosse Wildberg, einer Besitzung des

Grafen Starhemberg, vorüber und durch Leonfelden über ziemlich gleichgültiges hügeliges Land bei mehr und mehr sich bewölkendem Himmel nach der Abtei Hohenfurt, einem altbegründeten, reichdotierten und schon in Böhmen an der oberen Moldau liegenden Zisterzienserkloster.

Wir wurden sehr artig im Hofe empfangen, und was mich betraf, so wurde mir als Abtretezimmer die sogenannte Bildergalerie angewiesen, in welcher jedoch nur eine Menge alter tapetenhafter, verstaubter Malereien aufgehangen war, die ich wohl mit mehr Recht zum Feuertode verdammt hätte als geistliche Herren in früherer Zeit die Ketzer! Geschmackvoller bei weitem als diese Bilder war das Diner und waren die Weine, welche bald darauf in Gesellschaft des Herrn Abtes, dem die Königin den Platz neben sich anwies, uns vorgesetzt wurden. Dieser Abt war ein gemütlich-freundlicher, wohlbeleibter Herr, und als er mir über Tische erzählte, daß ihnen bei ihrer Abtei die Leitung der philosophischen Studien in Böhmen und die Besetzung der dahin einschlagenden Lehrstühle am Gymnasium zu Budweis und der Universität Prag obliege, so fühlte ich mich freilich zu einigen mephistophelischen Äußerungen über eine so vertretene Philosophie versucht. Gleich nach Tische entfernte sich die Königin, ich aber setzte mich noch mit dem Herrn Abt zu einer Tasse Kaffee, und als ich dann um Wasser bat und das Wohltätige des Wassertrinkens früh und nach dem Kaffee anpries, meinte der Herr Abt ganz behag-

Der Turm des Krummauer Schlosses

lich und vertraulich: „Kann's nit auch ä Bier sein?" Ich bestand aber auf dem Wasser!

Es war über vier Uhr geworden, ehe wir mit den Rossen der geistlichen Herren wieder abfuhren, zuerst die Moldau ein Stück verfolgten (welche eine halbe Stunde oberhalb des Klosters über eine Granitbank einen schönen Wasserfall bilden soll), dann aber auf durchregnetem lehmigen Boden (ein Gewitter hatte sich nämlich während unseres Diners entladen) über Höhen und Tiefen gegen Krumau uns hinwendeten.

Solange nun die Anhöhen nicht zu steil waren, ging alles trefflich, aber am ersten bedeutenden Berge gefiel es den geistlichen wohlbeleibten Rossen, nicht mehr zu ziehen, und der Wagen des Königs blieb stecken. Das Königspaar mußte die Anhöhe zu Fuß hinaufgehen, und nach einer besseren Zusammenspannung kam denn auch der Wagen nach. Allein am zweiten, höheren Berge wiederholte sich die Szene; alles Antreiben, Peitschen und Schmähen der Dienerschaft half nichts, und wir vermochten endlich die Herrschaften, sich in meinen kleinen, mit zwei tüchtigen Bauernpferden bespannten Wagen zu setzen, und ließen sie vorausfahren, während von Minkwitz sie ein Stück begleitete, um nach dem fürstlich Schwarzenbergschen Vorspann zu sehen, der in kurzem eintreffen mußte. Da stand ich nun mit der bejahrten Frau Obristhofmeisterin neben den beiden großen Wagen und den widerspenstigen Rossen in dem tiefen Hohlwege bei niedersinkendem Abend und hatte meine Betrachtungen über das ziemlich Komische der ganzen Situation. Zum Überfluß wurde noch einer von den Leuten des Königs von einem Pferde geschlagen, daß man mit dem Stillen des Blutes zu tun hatte, kurz, die Verwirrung war groß. Glücklicherweise traf ganz zur rechten Zeit der Vorspann ein, wir setzten uns in den Reisewagen des Königs, an welchem nun vier stattliche Pferde vorgelegt waren, ebenso wurde auch der Wagen der Frau Obristhofmeisterin in Gang gebracht, und so kamen wir denn durch das nebelerfüllte felsige Tal der Moldau gegen neun Uhr hier an, wo alles festlich erleuchtet, das Grenadierkorps des Fürsten aufgestellt ist und wir auf das trefflichste aufgenommen sind, obwohl niemand von den fürstlich Schwarzenbergschen Personen hier ist und überhaupt diese herrliche Besitzung nur selten von ihnen besucht wird. Dies Schloß liegt auf einem Felsen über der Moldau und über der daran hingebreiteten Stadt, welche 6–7000 Einwohner fassen soll.

Noch spät sah ich hinab von dem an den Speisesaal stoßenden Balkon in das tiefe dunkle Tal und die sternhelle Nacht, welche eben vom aufgehenden Monde erhellt wurde. Dann in mein Zimmer! Und wenn ich mich hier unter den alten Familienporträts und den Gobelins umsehe, so hat mir diese ganze Existenz geradezu etwas Feenhaftes! In die Traum- und Zaubersphäre sind wir, scheint es, eingegangen!

Budweis, 20. August mittags. Dieser Morgen auf dem Schlosse zu Krumau gewährte noch manche hübsche Szenerie! Zuerst erzähle ich, wie überrascht ich war, als ich auf meinem Zimmer bei dem herrlichen Morgen am offenen Fenster das Frühstück nahm und, nachdem ich an dem weiten Tale mich ergötzt hatte, nun gerade hinabsah und unten, tief unter meinem Fenster, am grünbewachsenen Burgberge sechs bis acht Damhirsche anmutig weidend erkannte. Brocken zarten Weißbrotes, zum Fenster hinabgeworfen, verfehlten nicht, den zierlichen Geschöpfen zugute zu kommen, so senkrecht stürzt hier der Fels ab. Durch die weiten Säle wanderte ich dann nach dem östlichen Flügel des Schlosses, wo mich die Aussicht von einem andern Balkon auf das lebhafteste bewegte! Man steht auch hier fast senkrecht über der Moldau, welche sich unten am Felsen vorbeikrümmt und in einem Halbkreise das Städtchen umschließt, zu beiden Seiten dehnt sich das mächtige Schloß mit hoher kuppelförmig gedeckter Turmwarte aus, unten die Brücke, das mittelalterliche hochgieblig gebaute Städtchen mit seiner gotischen Kirche und ringsum die felsigen Anhöhen, alles in duftigen breiten Schattenmassen unter der blendend hellen Morgensonne; es war ein reizender Anblick!

Als wollten sie Flügel werden

Rainer Maria Rilke
(*1875 Prag †1926 Val-Mont)

Es war dann wie in dem großen Maskensaal des Krummauer Schlosses, dessen Wände bis hoch zur gewölbten hallenden Decke hinauf mit lebensgroßen Gestalten bemalt sind. Ein französischer Maler soll vor vielen hundert Jahren diese Karnevalsgruppen so geschickt, in so reichem und überraschendem Wechsel komponiert haben, daß man – selbst am lichten Tage – hinter jeder Figur immer noch neue, phantastisch verkleidete Gäste auftauchen sieht. In Krummau aber weiß man ganz bestimmt, daß solches nicht an dem Verdienste des Malers, sondern an dem seltsamen Umstand liegt, daß die Ritter und Damen zu einer gewissen Stunde zu erwachen beginnen, um das Schauspiel jener einen fernen Nacht zu wiederholen. Aus den Wänden steigend, erfüllen sie den Saal mit ihrem schimmernden Gewimmel. Bis die riesigen Grenadiere an der Saaltüre die Hellebarden hart an den Boden stoßen: da ordnen sich die Reihen. Ein Donner rollt über sie hin. Mit seinem wilden, schwarzen Sechsgespann ist Prinz Julius Cäsar, des zweiten Rudolf heimlicher Sohn, an der ragenden Rampe vorgefahren, und kaum einen Atemzug später steht er, schwarz und schlank, mitten unter den Gästen, die sich tief, tief verneigen, wie eine Zypresse im wehenden Ährenfeld. Dann mischt die Musik die

Menge, eine fremde Musik, welche bei dem Aneinanderstreifen der kostbaren Kleider zu entstehen scheint und, wachsend, sich breit und brausend aus den Massen erhebt wie die Melodie eines Meeres. Und da und dort teilt der Prinz mit einem Wink die glänzenden Wellen, verschwindet in ihnen, steigt an der anderen Ecke stolz aus ihnen empor, läßt sein leuchtendes Lächeln wie einen Sonnenblitz über sie hingleiten und schleudert ein helles, übermütiges Wort, gleich einem köstlichen Ring, nach dem alles hascht, mitten ins Gewoge hinein. Und unter dem wilderen und wühlenden Hin und Wider wächst die heimliche Lust. An eines silbernen Ritters Seite erkennt der Prinz ein blasses, blaues Fräulein und fühlt zugleich: die Liebe zu ihr, den Haß für ihren Begleiter. Und beides in ihm ist rot und rasch. Und er hat den silbernen Ritter wohl zum König gemacht; denn dem fließt über den blanken Panzer ein Purpur nieder, immer breiter und blutender, bis er stumm zusammenbricht unter der Last des fürstlichen Mantels: „Es geht manchem König so", lacht ihm der Prinz in die sterbenden Augen. Da erstarren die festlichen Gestalten vor Grauen und blassen langsam und bang in die verlöschenden Wände zurück, und wie ein fahles Felsland steigt der verlassene Saal aus den letzten leuchtenden Wellen. Nur Julius Cäsar bleibt zurück, und das gierige Glüh'n seiner heißen Augen versengt dem blassen Fräulein die Sinne. Aber wie er sie greifen will, entreißt sie sich seinen zwingenden Blicken und flüchtet in den schwarzen, hallenden Saal; ihr leichtes, blaues Seidenkleid bleibt, zerfetzt, wie ein Stück Mondlicht in den wilden Fingern des Prinzen, und er windet es sich um den Hals und würgt sich damit. Dann tastet er ihr nach in die Nacht hinein und jubelt plötzlich auf. Er hört, sie hat die kleine Tapetentür entdeckt, und er weiß: nun ist sie sein, denn von da gibt es nur einen Weg: die schmale Turmtreppe, die in das kleine duftende Rundgemach mündet – hoch im Moldauturme. Und mit übermütiger Hast ist er hinter ihr, immer hinter ihr, und er vernimmt nicht ihren verscheuchten Schritt, aber wie einen Glanz sieht er sie bei jeder Wendung der Treppe vor sich her. Da faßt er sie wieder, und jetzt hält er das zarte, angstwarme Hemdchen in der Hand, nur das Hemdchen, und seinen Lippen und Wangen ist es kühl. Es schwindelt ihn, und wie er seine Beute küßt, lehnt er zögernd an der Wand. Dann mit drei, vier Tigersprüngen taucht er hinauf in die Tür des Turmgemachs und – erstarrt: Hoch vor der Nacht ragt, nackt, der reine weiße Leib, wie vom Fensterrande aufgeblüht. Und reglos sind sie beide. Aber dann, eh er's noch denkt, heben sich zwei helle, kinderzarte Arme in die Sterne hinein, als wollten sie Flügel werden, es verlischt etwas vor ihm, und vor dem hohen Fensterbogen ist nichts mehr als hohle heulende Nacht und ein Schrei …

Ein k.k. südböhmisches Städtebild

Anonymus

An der oberen Moldau, dort, wo sie in nordwärts gerichtetem Lauf den Böhmerwald durchbricht, liegt die alte Stadt Krumau, durch eine Seitenlinie, Budweis-Galnau, mit den Hauptlinien der Staatsbahnen verbunden.

Die Stadt Krumau ist unter dem Schutze der gleichnamigen Burg des alten Geschlechtes der Rosenberge entstanden. Der Ursprung der Burg ist nicht mehr genau zu datieren, doch geht sie natürlich nicht, wie mitunter behauptet wird, in vorgeschichtliche Zeiten zurück. Im Jahre 1347 wurde die allmählich stattlich herangediehene Siedlung von einem der Rosenberge, Peter, mit dem Beinamen „der Mönch" zur Stadt erhoben. Jahrhundertelang war Krumau der Hauptsitz des Rosenbergischen Geschlechtes. Zur Zeit der Regierung Rudolfs II. wohnte hier Peter Wok von Rosenberg, der eifrig protestantisch gesinnt war. Als sich aber in der Stadt Jesuiten niederließen, verkaufte er die Herrschaft Krumau an Kaiser Rudolf, der sie seinem natürlichen Sohne Don Julius d'Austria zuwies. Im Jahre 1622 verlieh Ferdinand II. Krumau dem steirischen Fürstengeschlechte derer von Eggenberg und erhob diese zu Herzogen von Krumau. Durch Erbschaft fiel auch diese, wie die meisten ehemals Rosenbergischen Güter an das fränkische Geschlecht der Fürsten von Schwarzenberg, die auch den Herzogstitel übernahmen. …

Das Stadtbild wird beherrscht durch das auf einer Anhöhe thronende Schloß, dessen Steinmassen sich um fünf geräumige Höfe gruppieren und das nicht weniger als 300 Gemächer birgt. Vom äußeren Schloßhofe leitet eine alte steinerne Brücke über den Wallgraben zu einem Tore, das erst in einen der inneren Höfe führt. Weithin sichtbar überragt das ganze mächtige Gebäude der hohe Turm, der dicht an dem steilen Absturze, der zur Moldau hinunterfällt, aufragt. Auf kreisrunder Basis erhebt sich zuerst ein wuchtiger Unterbau mit romanischen Fenstern, dann folgt eine reizvolle ebenfalls romanische Galerie, über welcher der höchste Teil des Baues aufragt, den ein luftiger von Säulen getragener Helm mit vier kleinen Nebentürmchen bekrönt. Von der Galerie genießt man eine durch Schönheit und Umfang gleich fesselnde Aussicht. Die Wohnräume der Hochburg, die sich an den eben erwähnten ersten inneren Hof anschließt, enthält heute zwar noch manches wertvolle und sehenswerte Stück, doch gibt die heutige Einrichtung nur mehr einen schwachen Begriff vom einstigen Reichtum, da die eigentlichen Prunkstücke nach Schloß Frauenberg bei Budweis übertragen worden sind. Einige Säle und die Burgkapelle bieten in ihrer künstlerischen Ausstattung noch bedeutenden Reiz. Eine Reitbahn, ein Schloßtheater und ein prachtvoller Park vollenden den hochherrschaftlichen Eindruck des Ganzen. Eine mächtige, in drei Stockwerken ansteigende Brücke, verbindet vom Theater aus das alte Schloß mit dem neuen, das jenseits einer tiefen Schlucht erbaut ist. Ähnlich wie das Schloß erhebt sich auf einer zweiten Anhöhe, mitten in der Stadt, die Erzdechanteikirche zu St. Veit. Der prächtige gotische Bau geht bis in die erste Hälfte des 14. Jahrhunderts zurück, fand aber erst zu Beginn des folgenden seine endgültige Ausgestaltung. Ein dreischiffiges Langhaus mit allen drei Schiffen unter einem Dache ist mit einem einschiffigen Chor in der Breite des Mittelschiffes verbunden. Reizvolles Netzgewölbe schmückt die Decke, treffliches Maßwerk die hohen Fenster; an schönen Pfeilern, Baldachinen, Altären ist kein Mangel. Ein weit einfacherer Bau ist die aus dem 14. Jahrhundert stammende Minoritenkirche, die ein schönes Madonnenbild aus derselben Zeit birgt. Auch der an das Gotteshaus anschließende Kreuzgang ist reich an wertvollen Einzelheiten. Auf dem Ring stehen noch mehrere alte Bürgerhäuser mit bemerkenswerten gotischen Lauben.

Krumau zählt heute gegen 10.000 meist deutsche Einwohner und ist eine betriebsame Stadt mit reger Industrie. Namentlich Holzverarbeitung, Kaschmirweberei, Graphitverwertung, Papierfabrikation und Bierbrauerei werden betrieben. Rings um die eigentliche Stadt legen sich die sieben Vorstädte. An höheren Lehranstalten sind ein deutsches Gymnasium mit Schülerheim und eine landwirtschaftliche Lehranstalt zu nennen. Die anmutige Umgebung der Stadt lädt zu lohnenden Ausflügen nach allen Richtungen ein. Da ist namentlich der

1080 Meter hohe Schöninger, einer der vorgeschobenen Posten des Böhmerwaldes, der eine wunderschöne Rundsicht gewährt. Ein 21 Meter hoher solider Aussichtsturm krönt seinen Gipfel. Näher und bequemer, aber lieblich genug sind der Kreuzberg, der Stadtwald und der Branyberg.

Die Südböhmische Schaubühne

Alois Meerwald
(*1886 Winterberg †1933 Böhmisch Budweis)

Krumau ist eine alte Theaterstadt. Das heutige Theatergebäude wurde zu Ende des 16. Jahrhunderts durch die Jesuiten gebaut mit der Bestimmung, daß hier die Schüler des Jesuitengymnasiums Theatervorstellungen veranstalten sollen. Das Theater wurde durch die Jesuiten reichlich ausgestattet und die durch die Schüler vollführten Aufführungen, dessen erste im Jahre 1591 stattfand, gestalteten sich zu gerne besuchten Festlichkeiten.

Im 17. Jahrhundert entstand auch ein eigenes Schloßtheater. Johann Anton von Eggenberg erbaute es im Jahre 1673 als „Komödienhaus“, wohl nicht in der heutigen Gestalt, sondern als leichten Riegelbau. Fürst Josef Adam von Schwarzenberg ließ das Theater im Jahre 1765 auf die heutige Gestalt umbauen und durch die Wiener Künstler Wetschel und Merkel mit Malereien und Dekorationen ausgestalten.

Während im Schloßtheater seit geraumer Zeit keine Vorstellungen mehr gegeben werden, weil es den neuen baupolizeilichen Vorschriften als Theater nicht mehr entspricht, blieben die Pforten des ehemaligen Jesuitentheaters, das nunmehr Eigentum der Stadtgemeinde ist, bis auf den heutigen Tag geöffnet.

Bis zum Jahre 1919 wurde die Bühne an Theatergesellschaften verpachtet, die jeden Winter ihre Vorstellungen absolvierten, ohne besonderen Wert auf den künstlerischen Ruf des Schauspielhauses zu legen. Nach dem Kriege aber wurde es anders. Angeregt durch die beiden damals in Krumau lebenden Schriftsteller Hanns Saßmann und Dr. Robert Scheu konstituierte sich im Jahre 1919 ein eigener Verein, der Verein „Südböhmische Schaubühne", der durch einen aus seiner Mitte gewählten Ausschuß das Theater verwaltet, wobei er von der Stadtgemeinde und verschiedenen kunstliebenden Persönlichkeiten, insbesondere von den Firmen Spiro und Sander und von der Herrschaft Schwarzenberg, unterstützt wird. Das Theater ist nun Gemeingut aller geworden und erreichte eine künstlerische Bedeutung, deren Ruf weit über unsere engere Heimat hinaus anerkannt wird.

Die künstlerische Leitung der Schaubühne hatte in den beiden ersten Jahren Hanns Saßmann selbst inne. Saßmann gestaltete das Stadttheater zu einer Shakespeare-Stilbühne mit Rundhorizont aus und schuf eine ebensolche kleine Wanderbühne, die den Zweck haben sollte, auch in den kleinsten

Marktflecken des Böhmerwaldes gute Vorstellungen zu ermöglichen. Die Südböhmische Schaubühne will nämlich nicht ein ausschließlich für Krumau bestimmtes kulturelles Unternehmen sein, sie will dem ganzen Böhmerwalde gehören und durch Gastspiele in den Städten und Marktflecken unserer grünen Waldheimat dem Volke die Werke unserer Dramatiker vermitteln und das Schmierenunwesen aus dem Böhmerwalde verdrängen.

Mit welcher Begeisterung die Gründung der „Südböhmischen Schaubühne“ in Krumau aufgenommen wurde, geht daraus hervor, daß in der Stadt mit kaum 9.000 Einwohnern binnen drei Wochen nicht weniger als 90.000 Kronen an Spenden für das Theater einliefen.

Ein Besuch in Krumau

Rainer Maria Rilke
(*1875 Prag †1926 Val-Mont)

Versprach ich nicht einmal, etwas aus Böhmen zu erzählen?

Erwarten Sie nichts Politisches. – Bei uns in Böhmen liegt ja sozusagen die Politik auf der Straße, und ich habe doch viel zuviel Hochachtung vor Ihnen, um Ihnen das zu bieten, was ich vom Wege auflese.

Ich will Ihnen erzählen von dem uralten Schlosse eines alten Adelshauses – von seinen Sälen und

Gängen, Galerien und Kemenaten. Das klingt ja gar romantisch.

Nun, Sie werden ja sehen.

Wenn einmal ein Zufall, müßige Reiselust oder der Tod Ihrer verehrten Frau Erbtante - der ich übrigens noch ein recht ausgiebiges Leben wünsche - Sie, geschätzter Leser, nach Südböhmen führt, lassen Sie sich es nicht verdrießen, einen Tag in dem malerisch gelegenen Städtchen Krumau Aufenthalt zu nehmen.

Die kleinen, hochgegiebelten Häuser, deren viele noch die Rose - das Wappen der alten ausgestorbenen Rosenberge - tragen, werden beherrscht von der zu Seiten der jungen Moldau auf steilem Felsen thronenden uralten Burg. Dieser, ein weiter, massiger Bau, der sich wie alle ähnlichen oft umgemodelten Schlösser ehrwürdiger Stillosigkeit rühmen kann, macht auf den Beschauer einen schier überwältigenden Eindruck. Zumal, als ich sie sah, an einem klaren, prangenden Märztage. Da hob sich das gelbe Riesengemäuer so grell von dem lichtblauen Himmel ab, und die dreifach aufeinandergehäuften Bogengänge, welche den Haupttrakt mit der Reitschule und dem Parke verbinden, schienen an der Rückseite mit himmelfarbenem Atlas verhangen.

Auf einer Schloßstiege mit erträglichen Stufen steigen Sie hinan. - Sie treten in den ersten Burghof. Treten Sie so in Gedanken ein wie ich, so werden Sie zerstreut nach dem Vatermörder und der Riesenhalsbinde am eigenen Halse greifen, Sie werden mit Erstaunen wahrnehmen, daß Sie nicht die Kniestrümpfe und Schnallenschuhe tragen, wie sie im ersten Halb unseres Jahrhunderts gang und gäbe gewesen sind. - Was mich zu dieser sonderbaren Untersuchung verleitet hat? -

Die Leibwache von Grenadieren, die - ein Überbleibsel alter Zeit - hinter blau-weißen (Farben des Hauses Schwarzenberg) Schranken aufgezogen ist. - Sie tragen dunkle Uniform mit blauen Aufschlägen und Schnüren, weißes über der Brust gekreuztes Lederzeug und - man höre - Ladstockgewehre! Die Stärke dieser kleinen Heermacht - welche Vergünstigung, wenn ich nicht irre, in Österreich außer dem nur noch dem Hause Clam-Gallas eignet - beträgt in Krieg und Frieden genau 22 Mann. Ein verdienter österreichischer Offizier steht an ihrer Spitze. - Gehen wir an den riesigen, alten Zwölfpfündern, denen zur Seite unglaubliche Kugelhaufen kauern, kaltblütig vorüber, so müssen wir durch einen berganführenden, eingedachten, lebhaft an einen Hühnersteig erinnernden Schwellenweg aufwärts steigen in den zweiten Hof. -

Von da führt eine breite Treppe zu den Gemächern. Die Wandung des Treppenhauses ist mit den ziemlich handwerksmäßig gemalten Wappen sämtlicher bisherigen Besitzer geziert. - Die Feste Krumau war zuerst im Besitze der Rosenberge. Später ging sie (unter Rudolf II.) in die Hände der Habsburger über und kam nach mannigfachen Wechselfällen an das Haus Schwarzenberg. -

Im Halbstocke interessieren uns vor allem die niedrigen in strengstem Empire eingerichteten Zimmer, die einen süßen intimen Duft auszuströmen scheinen. Im ersten Stockwerke sind die eigentlichen Prachtgemächer. Die großen Säle mit schwerfälligen, goldstrotzenden Stühlen und behäbigen, selbstgefälligen, prächtig ausgelegten Tischen. Unendliche japanesische Vasen und wandhohe Spiegel, in die die heimliche Dämmerung der lichtgedämpften Räume schaut. Reichgeschnitzte Speisetische mit Silber- und Zinngeschirr. - Dann die Bildergalerie.

Der führende Diener hetzte mich mit dringlicher Höflichkeit hindurch. Kaum daß ich Johann den Starken, der Hand Dürers entstammend, und das Bildnis der zu Paris beim Krönungsfeste Napoleons verbrannten Fürstin von Schwarzenberg ins Auge fassen konnte. - Zwei Treppen hoch liegen die sogenannten Julius-Caesar-Zimmer. Hier wohnte der natürliche Sohn Rudolfs II. dieses Namens. - Hier sann und vollführte er seine Greueltaten, von denen heute noch die Krumauer alten Bürger beim Bier gern erzählen. - In diesen Räumen fällt auch ein Fenster auf, das vermauert wurde, weil durch dasselbe eine Baderstochter, den Händen des Wüstlings zu entfliehen, in die Tiefe sprang. -

Vor allem ist aber der Maskensaal von Bedeutung. Er ist einzig in seiner Art. Die ganzen Wände sind mit überlebensgroßen, voll heiterer Ironie gemalten Figuren bedeckt. Da sieht man Ritter und Herren, edle Frauen und würdige Matronen,

Zwerge und Riesen, Harlekins und Zauberer in buntem Gewimmel. Musikanten spielen auf den Galerien, Damen blicken aus den Logen, und an der Tür halten zwei riesige stramme Grenadiere strenge Wacht. - Die Fülle der Personen und die wunderbare naive Plastik derselben machen einen geradezu betäubenden Eindruck.

Gegen die altehrwürdige, staubige und durch den Hauch der Jahrhunderte geweihte Pracht wird Ihnen der frische Reichtum des neuen, nördlicher gelegenen Schlosses Frauenberg nicht angenehm auffallen. - Es herrscht da jene schimmernde und glastende Fülle, wie wir ihr in den Schlössern unserer Fabrikanten und Bankiers begegnen.

Mich deucht aber gerade, daß jene durch Ahnen geweihten Räume das einzige sind, was der wirkliche Adel im Äußeren vor dem frisch geritterten oder eben mit der Freiherrlichkeit verherrlichten Emporkömmling mit dem österreichischen unmöglichen Namen und dem mühsam dazu gezimmerten (-fels), (-wald), (-burg) oder (-see) voraus hat. Denn nur wenigen von unserem Hochadel sieht man, was adelt, an den Zügen an. - Wenngleich sich nicht leugnen läßt, daß der und jener Aristokrat auch im Bettlerkittel seine Abstammung verraten würde.

Einen solchen Mann lernte ich in Budweis kennen. Es ist Baron M... Er ist als Sonderling und Altertumssammler bekannt, - und alle Welt erschrak, als ich meine Absicht laut werden ließ, den weltscheuen Freiherrn in seiner schätzereichen Behausung aufzusuchen. - Ich wagte es dennoch, ließ mich melden und - wurde empfangen. Der Hausherr war eine große, hagere Gestalt mit feinen, leicht gefalteten Zügen, in denen maßloser Hochmut und feine Liebenswürdigkeit sich überraschend vereinten. Der dünne, schüttere, unterhalb des Kinns entspringende Bart fiel schneeweiß auf die schneeweiße Halskrause herab. - Er war von großer, würdevoller Zuvorkommenheit, die sich mehr in seinem Handeln als in seinen Worten äußerte. Er geleitete mich selbst durch sein ganzes Haus - ja sogar durch den Garten und erwies mir die Ehre, mich nach Zurückweisung des Bedienten bis zu dem auf die Straße führenden Tor seines Hauses zu führen - entweder aus Wohlwollen oder in der Absicht, sich zu vergewissern, das ich wirklich - draußen sei.

Mit dem bittern Geschmack eines Hundes, der unerreichbare Leckerbissen gerochen hat, verließ ich, selbst Altertumssammler, das Haus des Mäzen.

Český Krumlov

Karel Čapek
(*1890 Malé Svatoňovice †1938 Prag)

Ich weiß nicht, wie oft die Moldau sich hier windet; wenn du die Stadt in möglichst gerader Richtung durchquerst, kommst du wohl fünfmal über den Fluß, und jedesmal wunderst du dich, daß er so goldbraun ist und es so eilig hat. Wie viele Einwohner Český Krumlov hat, weiß ich auch nicht, aber Gasthäuser hat die Stadt vierunddreißig, drei Kirchen, ein Schloß, dafür aber ein großes, zwei Tore und eine Vielzahl von Denkmälern; eigentlich ist die ganze Stadt ein einziges historisches Denkmal, was ein wenig an Siena oder an Stirling oder an andere berühmte Orte erinnert. Hier gibt es also alte Giebel, Erker, Dachfenster, Lauben, Bögen, Säulengänge, Zinnen, Sgraffitos, Fresken, Treppen hinauf und hinunter, Balustraden, Brunnen, Säulen, Prellsteine, Winkel, Gebälk, Vorsäle, Toreinfahrten, historisches Pflaster, winklige Gassen, Weihnachtskrippen, hohe Dächer, eine gotische Kirche, Minoriten und überall die roten Rosenberger Rosen; wohin du dich wendest, siehst du nur Malerisches und Altertümliches und historische Pracht, aber in den alten Vorstädten, da gibt es bloß niedrige Häuschen, das Dach kannst du mit der Hand erreichen, in den Fenstern Geranien und über der Tür eine Inschrift; hier leben noch alte Handwerke wie im fünfzehnten Jahrhundert.

Alles hier wird beherrscht vom einstigen Schloß der Herzöge von Eggenberg und vor allem vom Turm, einem der eigentümlichsten Türme, die ich je gesehen habe; ich möchte sagen, Türme sind eine böhmische Spezialität, denn nirgendwo gibt es so merkwürdige Kuppeln, bauchige Zwiebeln, Mohnkapseln, Laternen, angeklebte Türmchen und Galerien und Spitzen wie bei uns; jede alte böhmische Stadt hat ihren besonderen Turm, an dem man erkennt: Das ist Hradec Králové und das Brno und das Budějovice und das Český Krumlov.

Was das Schloß betrifft, so ist es über und über bemalt und innen und außen mit Fresken verziert; aber das Beste von allem ist das kleine barocke fürstliche Theater, in dem noch alte Dekorationen hängen; dort könnte auf der Stelle eine italienische Oper aus dem achtzehnten Jahrhundert gespenstern, aber sie gespenstert nicht, weil man hier aus Sicherheitsgründen nicht spielen darf. Ferner gibt es dort das Lustschlößchen Bellaria mit so neckischen Treppen auf der Brust und eine Menge anderer barocker Dinge; für drei Kronen ist das mehr als genug.

Zentrum und Krone der Stadt

Oskar Schürer
(*1892 Augsburg †1949 Heidelberg)

Die Burg ist Zentrum und Krone der Stadt. Ihr dickleibiger Turm springt vor wie ein behauener Fels auf dem unbehauenen, mit dem krausen Barockhelm und dem luftigen Balkon, von dem herab alle Stunden der Wächter ins Horn stößt nach allen vier Winden hinaus. Wahrhaftig, er tut es tagaus, tagein und auch in der Nacht noch, heute im 20. Jahrhundert. Hinter dem Turm, auf dem Hügelhang über dem Fluß, die lange Flucht der alten, stolzen Burgtrakte. Jahrhunderte haben daran gebaut, immer neue Teile darangeschichtet. Kapellen dazwischen und hohe Gänge darüberher. Im ersten Burghof sitzt ein graubärtiger Gardist, mit Schiffshut, blankem Säbel über den Knien und die Pfeife im Mund. Im zweiten Burghof ist das strenge Geviert der Gebäude gelb mit schwarzen Sgraffitos bemalt. Hohe Renaissance im Erker und Gebälk. In die Keller der Burg dringt man hinunter wie in ein Bergwerk, viele Klafter tief. Gotische Gewölbe, Wurzeln der oberen Gemäuer, ganz eingefressen in den Felsen, auf dem dies alles steht. Oben, höher als die Burg, haben sich die Schwarzenbergs den Park gebaut. Barockkunst: strenge Alleen, friedsame Plätze, zu denen weitgeschwungene Treppen führen. Figuren und Brunnen, ein großer stiller, in den Maßen streng abgewogener Teich zwischen uralten Kastanien. Zu Seiten verschwiegen und doch pompös lockend ein Belvedere.

Die Stadt an der Moldau

Johanna von Herzogenberg
(*1921 Birnai)

Es gibt einen herrlichen großen Bildteppich dieses Landes, auf dem die Berge und Flüsse, die Städte, die Klöster und Schlösser zu einem Gemälde verwoben sind, das in feinster Abstufung der Farben und des Materials ihre Schönheit und Bedeutung jeweils hervorhebt. So sind die typischen Bauernhäuser im Egerland oder in Südböhmen mit rohem Hanf aufgestickt, und eine Stadt ist in reinen Goldfäden nachgezeichnet: Prag! Dann gibt es einige wenige silberne Städte und eine von diesen ist Krumau (Český Krumlov). Sie gehört für mich zu jenen Orten, denen man sich immer wieder mit Herzklopfen nähert, weil sie bei jedem Besuch neue Schönheiten entdecken lassen. Salzburg ist so eine Stadt oder Bamberg und hier im Gebiet des großen Waldes auch Passau und Regensburg.

Es gehört zur Eigenart des Stadtwesens von Krumau, daß es, da es auf zwei Halbinseln in der Moldau liegt, den Besucher zunächst völlig verwirrt. Immer wieder muß man den Stadtplan zu

Rate ziehen, um sich zurechtzufinden. Die ursprüngliche Stadt, die im 13. Jahrhundert gegründete, mit dem quadratischen Markt in der Mitte, liegt in einer fast kreisrunden Schleife der Moldau; der enge Zugang, einem Flaschenhals vergleichbar, ist durch einen tiefen künstlichen Graben und das Obere Tor geschützt. Auf dem felsigen steilen Nordufer in der zweiten Flußwindung liegt das Schloß, dessen älteste Bauteile an einen hohen runden Turm anschließen. Es hat sich im Laufe der Jahrhunderte immer weiter nach Westen entwickelt. Die mannigfachen Zubauten enden an einem tiefen Graben, den dann eine mehrstöckige Brücke überwindet, die zu weiteren Baulichkeiten und endlich zum Park mit der Reitschule und der ‚Bellaria' führt. Der Graben liegt an der schmalsten Stelle des Felsens, an seiner Nordflanke schützt ihn der Kalschinger Bach.

Zu Füßen der Burg und des späteren Schlosses hat sich eine Vorstadt gebildet, die wie in anderen Rosenbergischen Gründungen den Namen ‚Latron' führt. Die beste Erklärung des Namens scheint mir jene, die den Ausdruck vom Lateinischen ‚latus' ableitet – die Stadt an der Seite. Der Volksmund will ihn freilich nicht mit ‚latus', sondern mit ‚latro' – Räuber – in Zusammenhang bringen. Spät erst verbinden die Herren diese Vorstadt rechtlich mit der eigentlichen Stadt. Sie gründeten in der zweiten Flußschleife – die Latron war nur einen Straßenzug breit – ferner das große Minoritenkloster, bauten ihr Zeughaus daneben und legten einen ausgedehnten Garten an der Moldau an. Das alles können wir aus dem Stadtplan ablesen, und wenn wir uns nun aufmachen, die Stadt zu durchstreifen, sollten wir ihn doch mitnehmen, auch wenn wir uns die Hauptorientierungspunkte, den runden Schloßturm und den der Stadtkirche, gut einprägen.

Wenn man von Süden kommend in die Stadt fahren will, führt eine gut bezeichnete neue Umgehungsstraße durch das Obere Tor hinein, und da alle Straßen nur als Einbahnstraßen zu befahren sind, muß man über die alte Brücke, durch die Latron und das Budweiser Tor wieder hinaus. Zunächst sei sehr empfohlen, in Krumau im Hotel am Markt zu bleiben. Es ist das beste in der Stadt und sehr geschickt in zwei alten, großen Häusern eingerichtet. Der Platz selbst gehört zu den besonders geglückten „Stadträumen“ - wenn man es einmal so bezeichnen darf. Über die Häuser von Krumau könnte man übrigens ein eigenes Kapitel schreiben, so vielfältig ist ihre Individualität, auch wenn sie fast durchweg im 16. Jahrhundert ihr Gepräge bekamen. Freilich gibt es auch ältere unter ihnen und vor allem in der Latron auch viele aus dem 17. und 18. Jahrhundert. Und doch zögere ich, sie zu nennen. Bei vielen Gebäuden ist der Verfall so weit fortgeschritten, daß man erschrickt. Gewiß hat die Denkmalpflege Krumau zur Stadtreservation erklärt, aber auf diesem Wege allein ist eine Stadt nicht zu retten - sie muß leben, man kann nicht nur ein Museum daraus machen, das im Sommer von

Fremden besucht wird. Ein ähnliches Problem gibt es in der Altstadt von Regensburg. Als ich einmal nachts durch die Gassen von Krumau ging und nur mehr die dunklen Baumassen da waren und der eigenartige Geruch und die Feuchte, die unbewohntes Gemäuer ausströmt, mußte ich auch an Venedig denken. Zwar wird offensichtlich ein verzweifelter Kampf um die Rettung dieser einzigartigen Stadt, ähnlich wie in Eger, gekämpft, aber es müssen nicht nur die Fremden, die Kunsthistoriker, die Denkmalpfleger eine Stadt lieben - zuerst müssen ihre Bewohner sie lieben und stolz auf sie sein und in ihr leben wollen. Jetzt befällt jeden, der die Stadt liebt, eine beklemmende Sorge um diesen kranken Organismus, gerade wenn er sieht, wie man sich bemüht, ihre Wunden zu heilen. Am deutlichsten erkennt man dies an den Dächern, von denen viele in den letzten Jahren neu gedeckt wurden. Leuchtend rot heben sie sich ab, sorgfältig wurden die Dachziegel nach alten Modeln geformt. Auch das steile Dach der Stadtkirche wurde in schwindelnder Höhe mit neuen Schieferplatten belegt.

Dieser Pfarrkirche St. Veit gilt unser erster Besuch. Sie bestimmt die Silhouette der Stadt, liegt sie doch auf dem Hochufer der Moldau, wo diese zur ersten großen Schleife ansetzt. Man geht die leicht ansteigende, nach Osten führende Straße bis zur Kaplanei, einem 1520 errichteten Haus mit auffallend schönem Erker; rechts führt dann eine Treppe zum Nordportal der Kirche, an dem die fünfblättrige Rose mehrmals zu finden ist.

Madonna aus Krummau (um 1400)

Der Bau ist eine dreischiffige Halle mit eingezogenem Chor, 1407–1439 als zweite Kirche an dieser Stelle errichtet. Der Vertrag aus dem Jahre 1407 nennt als Vorbild die Kirche von Mühlhausen, nahe von Klingenberg an der Moldau. Krumau ist ein wichtiges Bindeglied zwischen der Prager Dombauhütte von St. Veit, die ihre Bautätigkeit im ersten Viertel des 15. Jahrhunderts weitgehend einstellte, und den Bauten Hans Stethaimers in Bayern und in Salzburg. Über Südböhmen, von den Rosenberg an vielen Stellen mit großen Aufträgen beschäftigt, zogen die Meister und Werkleute nach Österreich und Bayern, wo die deutsche Sondergotik zur vollen Entfaltung kam. Wir finden hier in Krumau einen ganz lichterfüllten hohen Raum, den die vier schlanken Säulenpaare kaum verstellen. Die Ausstattung ist reich, aber nicht einheitlich. Der Hochaltar ist eine trockene Arbeit von 1673, das Altarblatt zeigt die Krönung Mariens, im Auszug ist der heilige Wenzel dargestellt. Nur ein baldachinartiger Bau erinnert an die Rosenberg. Es sind Reste des 1593 begonnen Mausoleums für Wilhelm von Rosenberg, gestorben 1592, und seine Gemahlin Anna-Maria von Baden, gestorben 1583. Die eigentliche Grablege des Geschlechts war aber im Kloster Hohenfurth so wie jene der Schwarzenberg in Wittingau. Trotzdem ist hier in St. Veit Eleonore Fürstin Schwarzenberg, geborene Prinzessin Lobkowitz, 1741 in der Johann-Nepomuk-Kapelle begraben worden, ebenso ihr kleiner Enkel Franz Josef, der 1750 starb.

Ein schöner Blick zu den Höhen des Böhmerwaldes bietet sich an der Südseite der Kirche, hoch über der Moldau. Hier erinnern wir uns der aufregenden Erzählung über die Entdeckung der schönsten aller ‚Schönen Madonnen', der ‚Krumauerin'. Die Figur steht heute im Kunsthistorischen Museum in Wien, eine zeitgenössische Replik in der Nationalgalerie zu Prag. Ihr Wiederentdecker, der langjährige Denkmalpfleger von Böhmen, Hönigsschmidt, hat uns ihre Geschichte ausführlich geschildert, doch können wir hier nur einen Teil des Berichtes zitieren:

Im Jahre 1910 sind Dr. Richard Ernst und ich durch eine Lichtbildaufnahme des Fotografen Seidel in Krumau auf die Madonna aufmerksam gemacht worden. Seidel, der eine reiche Sammlung ausgezeichneter Aufnahmen der Kunstdenkmäler und Naturschönheiten des Böhmerwaldes besaß, konnte sich nicht erinnern, in wessen Privatbesitz sich die Madonna, deren Aufnahme bereits längere Zeit zurücklag, befunden hat. Es kostete uns daher einige Mühe, das dürftige Vorstadthäuschen festzustellen, in dessen Flur die Statue in unmittelbarer Nähe des Eingangs stand. War uns schon beim Anblick des Fotos der außerordentliche Kunstwert und die kunstgeschichtliche Bedeutung der Plastik aufgefallen, so wurde dieser Eindruck vor dem Original zur hellen Begeisterung gesteigert. Da wir das Bildwerk bei der Art seiner Aufstellung der Beschädigung durch Vorübergehende oder die vor dem Haus spielende Straßenjugend ausgesetzt sahen, hielten wir es für unsere Pflicht, die Besitzerin des Häuschens - ein junges Mädchen - eindringlich auf den großen ‚Schatz‘ aufmerksam zu machen, den sie in der Madonna besaß. Es war wohl natürlich, daß wir bei unserem mehrtägigen Aufenthalt in Krumau auch sonst aus unserer Begeisterung kein Hehl gemacht haben. Die Nachricht von unserem Fund war daher bald in der ganzen Stadt verbreitet, wie wir aus zahlreichen Fragen, die an uns gerichtet wurden, entnehmen konnten.

Der Versuch, die Figur für eine öffentliche Sammlung zu erwerben, scheiterte an den Wertvorstellungen der Besitzerin, die sich nur noch darauf einlassen wollte, die Figur zusammen mit ihrem Häuschen zu verkaufen, „da sie befürchte, daß bei einem Verkauf der Madonna das ‚Glück‘ das Häuschen verlassen werde“. Doch der begeisterte Gelehrte ließ nicht locker - und endlich gelang es ihm, etwa drei Jahre später, durchzusetzen, daß die Figur doch von Wien erworben wurde, zumal sich der reichsdeutsche Kunsthandel dafür zu interessieren begann. Nach dieser glücklichen Rettung der Plastik für die österreichische Öffentlichkeit gelang dem Forscher auch noch der Nachweis, daß die Madonnenfigur tatsächlich aus Krumau - und zwar aus der Schloßkapelle der Burg - stammte. Wie sie allerdings in den Besitz des jungen Mädchens gekommen war, blieb ungeklärt, doch bekam die Geschichte schließlich noch eine tragische Pointe, die der glückliche Entdecker noch erlebte.

Als fast Neunzigjähriger traf er einen alten Krumauer, der von seiner früheren Tätigkeit wußte.

Dieser erzählte ihm, daß das junge Mädchen doch recht behalten hatte: es hatte mit der Madonna sein Glück verkauft. Als es nämlich durch Veräußerung von Haus und Figur sehr reich geworden war und somit eine ‚gute Partie', hatten sich natürlich allerlei junge Männer eingestellt und um sie geworben. Sie war schließlich auch auf einen rechten Tunichtgut hereingefallen, der ihr ganzes Vermögen rasch durchbrachte und sie dann sitzenließ. Noch nach der Vertreibung habe sie immer wieder gejammert, all ihr Unglück rühre davon her, daß sie die Muttergottes nicht behalten hätte.

Wenn wir die Straße zum Obertor der Stadt weitergehen, kommen wir am alten Jesuitenkolleg* vorbei. Gegenüber hat man im ehemaligen Seminar des Ordens ein sehr sehenswertes Stadtmuseum eingerichtet, das trotz der Zentralisierung gotischer Plastik in der Aleš-Galerie in Frauenberg noch immer bemerkenswerte Figuren besitzt, dazu mancherlei Kuriosa aus der Stadtgeschichte.

Es empfiehlt sich zu jeder Zeit ein Bummel kreuz und quer durch die schmalen Gassen. Fast jedes Haus ist malerisch und eigenartig. Ganze Gruppen entzücken unser Auge, darüber hebt sich plötzlich hoch im Himmel das Schloß am jenseitigen Ufer. Wir gehen über die Holzbrücke zur Latron. In der kleinen Jodokuskirche mit dem alten Spital hätten wir im Mittelalter Aufnahme gefunden, wenn

* Heute ist hier ein modernes Hotel untergebracht.

wir müde und krank als Fremde angekommen wären. Die genaueren Vorschriften für die Pflege sind bis hin zu Angaben über die Menge der täglichen Mahlzeiten noch erhalten. Nahe am Fluß bildet das Minoritenkloster zusammen mit der Fronleichnamskirche eine eigene große und einprägsame Baugruppe. Die Gebäude zur Linken waren den Klarissen zugedacht, der herrliche Kreuzgang an der Südostseite liegt um einen rechteckigen Hof der Minoriten, die später in den Kreuzgarten eine Kapelle zur Ehre der Mutter Gottes von Einsiedeln bauten. Auch der heilige Wolfgang wird hier in einer eigenen Kapelle verehrt, und schließlich folgen die Gebäude der Beginen. Das Minoritenkloster ist eine Gründung der Brüder Peter, Jobst, Ulrich und Johann von Rosenberg aus dem Jahre 1357. Es wird angenommen, daß man diesen Predigerorden, der für die Seelsorge in den mittelalterlichen Städten so Entscheidendes leistete, ebenso wie im rosenbergischen Neuhaus eigens zur Bekehrung der Anhänger verschiedenster Ketzereien nach Krumau holte. Unter den vielen Siedlern, die den Aufrufen der Grundherren gefolgt waren, gab es manchen Landfremden, der den Lehren der Waldenser, der Pikarden und Collarden anhing. Bald hatten die Minoriten so ungeheuren Zulauf, daß die Stadtgeistlichkeit sich beschwerte.

In der Latron gibt es einige ganz bizarre Hausgiebel, so jenen des alten Rathauses neben dem Eingang zum Schloß. Wir sollten noch bis zum Budweiser Tor spazieren, von wo eine Brücke über den Kalschinger Bach führt, der hier in die Moldau mündet. Das Tor mit dem gedrungenen Turm ist 1598 gebaut.

Ein Rundgang durch B.-Krumau

Alois Meerwald
(*1886 Winterberg †1933 Böhmisch Budweis)

Wohl selten hat eine Stadt ihr mittelalterliches Gepräge so zu wahren verstanden wie die Böhmerwaldstadt Krumau, und es ist geradezu selbstverständlich, daß jeden Sommer Maler aus aller Welt ihre Staffeleien in den Gassen der Stadt aufstellen und die dankbaren Motive auf der Leinwand festhalten. Ein unerschöpflicher Born an Schönheiten tut sich vor dem Künstler auf: soviele Stadtwinkel, soviel Motive und soviel mannigfache Stimmungen. Wohl hat sich hin und wieder ein moderner Bau mitten unter die romantischen Giebelhäuser hineingeschmuggelt, um das anheimelnde Stadtbild auf barbarische Weise zu stören, aber zum Glück ist der Sinn der Stadtväter für die altehrwürdige Eigenart Krumaus rechtzeitig erwacht. Für neue, prosaische Häuserkolosse ist kein Raum mehr in der Stadt, und alle Neu- und Umbauten müssen sich dem romantischen Gesamtbilde anpassen. Der im Zentrum der Stadt gelegene Ringplatz ist von Häusern eingefriedet, die zum größten Teile aus dem 16. Jahrhundert stammen. Am markantesten ist das Rathaus, das 1650 als solches in Benützung genommen wurde. In seinen mit bewundernswertem Fleiße zusammengetragenen „Bildern aus Krummaus Vergangenheit“, die der Schwarzenberg'sche Baurat Johann Sedláček in der *Deutschen Böhmerwaldzeitung* veröffentlichte, befaßt er sich ziemlich eingehend mit der Geschichte des Rathauses. „**Das erste Rathaus**“, so schreibt er, „stand an der Stelle des Eckhauses Nr. 3 am Platze, das seinen alten Charakter durch die Umbauten der späteren Jahrhunderte vielfach eingebüßt hat, zumeist nach dem Brande 1867 mit dem Fallen des Giebels. Der eingemauerte Steinpfeiler erinnert noch an seine erste - spätgotische - Zeit und die Laube, das Lunettengewölbe, die durchschimmernde Quadrierung und einige Tragsteine der in die Fronfestgasse ausladenden Pawlatsche an die zweite Hälfte des 16., die äußere Fassade mit den so charakteristischen losen Gewindeumrahmungen an die 2. Hälfte des 18. Jahrhunderts. Das Gewölbe wie auch die Fensterumrahmung wiederholen sich an mehreren Orten, waren deshalb beliebt. Das angebaute Häuschen (Nr. 143) gehörte einst dazu und verblieb auch nach 1519 der Gemeinde. Es wurde zum Gemeindekotter, in dem 1757 eine Kapelle zu den 14 Nothelfern eingerichtet worden war, welche jedoch schon 1804 nicht mehr bestand.

Nachdem der Magistrat das Rathaus nach Nr. 24 und 26 der Rathausgasse verlegt hatte, verkaufte er

1519 das alte. 1646 und 1653 verkaufte er auch das zweite und bezog das neue, heutige, von dem nur einer der früheren Besitzer, Andreas Čert (1550–64) bekannt ist, nicht jedoch das Jahr des Verkaufes. Bei der Hochzeit des Grafen Hans Zriny im Jahre 1600 waren im **„neuen“ Rathause** 30 Pferde untergebracht. 1710 wurde es renoviert; damals genügte eine Rats- und eine Gemeindestube. Erst 1752 wurde eine Kanzlei, 1791 die Wohnung für den Bürgermeister errichtet; im rückwärtigen Teile wohnte der Major. 1795 entstand die Polizeiwache. 1796 wurde die Holzdecke des Sitzungssaales durch eine Rohrdecke ersetzt und die durch Sturm abgestürzte Fassade erneuert.“

Das Rathaus besteht aus zwei Häusern, die im Grundriß noch gut kenntlich, auch von zwei getrennten Dächern überdeckt sind.

Tore und Lauben weisen auf die Wende des 15. und 16. Jahrhunderts hin. Größere bauliche Änderungen waren für das Jahr 1805 geplant. Das Rathaus sollte einen Turm erhalten, die Lauben sollten verbaut und einige Innenräume umgestaltet werden. Wegen Geldmangel kam es damals nicht dazu. Erst späteren Jahren blieb es vorbehalten, die Vermauerung der Lauben zur Tat werden zu lassen. Das Rathaus verlor dadurch seinen mittelalterlichen Reiz. Es wurde zu einem nüchternen, schmucklosen Gebäude, das auch das Gesamtbild des Ringplatzes beeinträchtigte, bis endlich im Jahre 1925 wieder ein Umbau beendet wurde.

Wilhelm Fischer: Böhmisch Krummau

Nach Überwindung unsäglicher baulicher Schwierigkeiten und harter Kämpfe in der Stadtvertretung entstand das Rathaus in seiner heutigen Gestalt: Die Lauben wurden wieder geöffnet, neue Pfeiler errichtet, die Malereien an der Stirnseite des Rathauses aufgedeckt und auch im Innern des Gebäudes wurde vieles umgebaut.

In der linken oberen Ecke des Rathausgiebels hängt noch die Glocke, die dereinst die Ratsherren zu den Sitzungen berief.

Das älteste Gebäude des Ringplatzes ist das an der Südwestecke stehende Haus Nr. 12, das „**Goldenkroner Haus**“, das im Jahre 1309 vom Abte Theodorich von Goldenkron erbaut wurde. Der Giebel des Hauses trägt eine Abtbüste, die im Erdgeschosse gelegene ehemalige Kapelle mit schönen Deckengewölben wurde zu Kaufläden umgebaut.

Die **Häuser des Ringplatzes** tragen im allgemeinen spätgotischen Charakter. Stellenweise sind die Spuren der verbauten Lauben noch gut zu erkennen. Das trauliche Bild der zum Teil mit Erkern geschmückten Baulichkeiten wird durch das im Jahre 1886 erbaute, mächtige Sparkassengebäude auf auffallende Weise gestört und um ein Stück seiner Romantik gebracht. Die auf dem Stadtplatze stehende **Mariensäule** mit Statuen der vier Evangelisten wurde in den Jahren 1715 und 1716 von der Fürstin Marie Ernestine errichtet.

Durch die am Sparkassengebäude vorüber ostwärts führende Gasse gelangen wir zur **Prälatur** mit dem Kaplanhaus, das sich gegenüber der an die Sparkasse angebauten Schule erhebt.

Eine breite Stiege führt uns zu der gotischen **Erzdechanteikirche** zu Sankt Veit, deren gotischer Turm erst seit 1893 seine heutige Gestalt hat. Bis dorthin besaß er eine Zwiebelkuppel. Die Grundsteinlegung zur Kirche erfolgte im Jahre 1310, die jetzige gotische Kirche stammt aber schon aus dem 15. Jahrhundert. Das fast 44 Meter lange Mittelschiff ist durch 8 Pfeiler von den Seitenschiffen getrennt. In seiner *Geschichte der St. Veitskirche in Krumau* verweist P. Josef Rodlberger auf die Behauptung Gruebers, daß die Kirche mit derjenigen zu Mühlhausen, mit Hohenfurth und Schloß Rosenberg eine Baugruppe bildet, deren Schöpfer die Krumauer Künstlerfamilie der Staněk in der ersten Hälfte des 15. Jahrhunderts ist. Doch dürfte weder Johann Staněk noch sein Bruder Kříž die Kirche vollendet haben. Erst Leonhard von Altenberg (Linhart z Oldeberku), dessen Name und Wappen am Gewölbe des Mittelschiffes angebracht ist, mag der Vollender des Baues gewesen sein.

Das Mittelschiff ziert ein Sterngewölbe, die Seitenschiffe tragen ein einfaches Kreuzgewölbe. Die Seitenschiffe erreichen die gleiche Höhe wie das Mittelschiff, so daß der ganze Bau als eine Hallenkirche erscheint.

Der Hochaltar mit dem Bilde der Krönung Mariens wurde 1683 gebaut und 1882 von Ludwig Schönbaur renoviert. An der linken Seite des Presbyteriums erhebt sich ein kunstvolles gotisches Sakramentenhäuschen aus Marmor, das im Jahre 1683 errichtet und 1920 von der Krumauer Firma Schönbaur renoviert wurde.

Auf der linken Presbyteriumseite erhob sich das herrliche Mausoleum, das Peter Wok 1593 als Grabdenkmal für seinen Bruder Wilhelm von Rosenberg errichten ließ. Das Mausoleum trug ein kunstvolles Reiterstandbild Wilhelms, das der Prager Steinbildhauer Bendl aus weißem Marmor anfertigte. Das Denkmal wurde von den Jesuiten entfernt, später über Betreiben Polyxenes von Rosenberg wieder aufgestellt, im Jahre 1784 aber endgültig abgetragen. Weder Baureste noch Abbildungen des Kunstwerkes sind erhalten geblieben.

Im Jahre 1725 ließ Fürst Adam von Schwarzenberg an die Dechanteikirche die Johanneskapelle anbauen und links und rechts vom Eingange die beiden Grabplatten von der Gruft Wilhelms von Rosenberg und seiner Gemahlin Anna von Baden einmauern. In einer Nische an der linken Wand der Kapelle ruhen in Metallurnen die Herzen einiger Fürsten und Fürstinnen von Schwarzenberg. Die Nische ist mit einer schwarzen Marmortafel verschlossen, die die Inschrift trägt: CORDA HIC CONDITA ADMIA ET ELEONORAE CONJ. PRINCIPUM DE SWARZENBERC CRUMLOVI DUCUM JOSEPHUS PARENTIBUS OPTIMIS PIETATIS FILIALIS. M.P.-A. MDCCXIV. Vor dem Kapellenaltar liegt das Grab der 1741 verstorbenen Fürstin Eleonore Amalie Schwarzenberg, neben der Kapelle befindet sich die

Totenkapelle, in der ehedem die Prälaten von Krumau begraben wurden.

An den Seitenwänden des Presbyteriums standen bis in die neueste Zeit hinein Glaskästen mit den Körpern der Heiligen Theophil und Klemens. Die mit Gold und Edelsteinen geschmückten Reliquien befinden sich heute im Oratorium.

Neben dem Choreingang an der Südseite der Kirche finden wir eine marmorne Gedenktafel des Pfarrers Georg Zettel von Netolitz (1596).

Rings um die Kirche lag, wie früher allgemein üblich, der Friedhof. Einige Grabdenkmäler daraus wurden teils in die Kirchenmauer, teils in die Mauer des gegenüberliegenden Kaplanhauses eingefügt. Das Kaplanhaus, ein Frührenaissancebau von vornehmer Einfachheit, trägt einen Erker, der auf einer gotischen Säule aufruht. Das Haus wurde im Jahre 1520 von Wenzel von Ruben den Krumauer Kaplänen geschenkt. Die Inschrift auf der Marmortafel über dem Eingang ist dem Gedenken des Stifters gewidmet.

Rechts von der Kirche fesselt uns der Blick auf die **städtische Musikschule**, ein Gebäude mit herrlichem Wand- und Giebelschmuck, im Jahre 1410 von dem Edelmann Wezlin von Zippendorf für Schulzwecke gewidmet.

Die Mauer hinter der Kirche gestattet uns einen herrlichen Ausblick auf den Stadtpark und die südlichen Stadtteile.

Vom Kaplanhaus durch die obere Gasse weiterschreitend, bietet uns ein schmales, steilabfallendes

Gäßchen zur linken Hand einen entzückenden, durch Künstler aus aller Herren Länder unzählige Male im Bilde festgehaltenen Ausblick auf das Schloß. Die Häuser an der linken Seite der oberen Gasse sind nicht uninteressant, der spätgotische Erker des Hauses 146 und die hübschen Giebel, namentlich die Renaissancegiebel der Häuser 149 und 150 geben der Gassenfront ein anheimelndes Bild. Rechterhand schließt sich an die Prälatur das mächtige ehemalige **Jesuitenkollegium** an, ein ausgedehntes Renaissancegebäude mit Sgraffitomalereien, das Wilhelm von Rosenberg im Jahre 1588 für die Jesuiten erbauen ließ. 1773 wurde das Kollegium in eine Kaserne umgewandelt und als im Jahre 1888 die Krumauer Garnison aufgelassen wurde und die Stadtgemeinde einen Ankauf des Gebäudes ablehnte, erwarb es die tschechische Vorschußkasse Záložna und richtete hier nebst ihren eigenen Kanzleien auch ein Hotel mit einer prächtigen Terrasse an der Moldauseite ein. An das Gebäude reiht sich das Theater an, von den Jesuiten 1613 für die Zöglinge ihrer Schule erbaut. Gegenüber steht das **Gymnasium**, ebenfalls eine Gründung der Jesuiten aus dem 17. Jahrhundert (1650).

Über eine kühne Brücke geht die Straße weiter. Die **Obertorbrücke**, so heißt der Bau, überquert die tiefe Schlucht des Mühlgrabens und bietet uns zu beiden Seiten wundervolle Ausblicke. Beiderseits zieht die Moldau ihrer Wege, auf der Südseite gegen Westen, auf der Nordseite gegen Osten eilend. In einem großen Bogen hat sie die innere

Stadt umkreist und gestaltete sie zu einer Insel, deren Ostufer der Mühlgraben bildet. An beiden Enden der Brücke standen seinerzeit Tortüren, deren Gestalt ein Bild an dem Dr. Platzer'schen Hause rechts an der Straße veranschaulicht. An dem Neuwirtshaus vorüber, dessen schöner Garten eine herrliche Aussicht auf das Schloß, die Stadt und den Schöninger bietet, führt die Straße nach Welleschin und Kaplitz.

*

Wir kehren wieder auf den Ringplatz zurück und wenden uns von hier nach Norden, der Rathausgasse zu. Beim Eintritt in die Gasse haben wir wiederum das typische Krumauer Bild mit dem prächtigen Schloßturm vor Augen. Das interessanteste Gebäude in der **Rathausgasse** ist das Haus Nr. 129, dessen oberes Stockwerk über das Erdgeschoß vorragt und auf Steinkonsolen aufruht, die mit Rosen und bärtigen Köpfen geziert sind. Der Eingang des Hauses - von der Fleischgasse aus - weist einen steinernen Türstock mit einem Christuskopf auf. Ein Satanskopf, der außerdem hier vorhanden war, wurde abgeschlagen.

Die nächste von der Rathausgasse nach rechts abzweigende Gasse ist der **Parkgraben**, eine Gasse von durchaus mittelalterlichem Gepräge, die rechts mit dem kühnen Bau des Gymnasiums abschließt.

Wer ein imposantes Gesamtbild des Schlosses genießen will, wende sich von der Rathausgasse durch die Langegasse nach links. Die Langegasse führt uns in die Breitegasse und hier angelangt, wenden wir uns bei der Stadtmühle nach rechts gegen die Moldau und betreten das sogenannte „Wirtl“, eine Insel, die in den Rosenbergschen Privilegien von 1594 und 1596 genannt, als Bleichstätte verwendet und der Stadt geschenkt wurde. In dem **Stadtzeughaus**, das hier steht, wurden die Geschütze der seinerzeit in B.-Krumau stationierten Artillerie aufbewahrt. Der Blick auf das Schloß ist vom Wirt aus überwältigend, und jedermann, der dieses majestätsche Bild genossen hat, wird den Worten Franz Alexander Hebers beipflichten, die er in seinem Werke *Böhmens Burgen* gebrauchte: „Die königliche Burg in Prag ausgenommen, ist kein Schloß in Böhmen vorhanden, welches an Großartigkeit, Alter und malerischer Lage die imposante Burg der Herzoge von Krumau übertreffen möchte.“

Auch die **Breitegasse** weist eine Reihe von Häusern mit schönen Giebeln auf, das Haus Nr. 77 besitzt ein schönes Portal; das Haus Nr. 63 ein überaus reizvolles, kleines, sternförmiges Rautengewölbe. Die rechte Häuserreihe wird durch das Bürgerliche Bräuhaus abgeschlossen, das 1584 zuerst genannt wird. Der Bau des Gebäudes wurde 1605 beendet und wurde durch die Umbauten wenig beeinträchtigt.

Verlassen wir nun die Breitegasse und kehren wir wieder in die Rathausgasse zurück, um uns von hier aus über die hölzerne Baderbrücke in die Latron zu begeben.

Die **Latron** war früher ein selbständiger Ort, wohl nur ein enger Gassenstreifen, von einer Schutzmauer umfaßt. Im 19. Jahrhundert hat die Latron nur langsam Zuwachs erhalten, erst mit der Begründung der inneren Stadt vergrößerte sich auch die Latron, welcher König Wladislaw im Jahre 1492 einen Wochen- und einen Jahrmarkt bewilligte. 1588 hatte die Latron schon eine Wasserleitung. Mit der eigentlichen Stadt lebte die Latron in ständigen Streitigkeiten, bis im Jahre 1550 Wilhelm von Rosenberg beide Orte in eine Stadt vereinigte. Aber auch dann gingen die Reibereien noch geraume Zeit fort.

An der Moldau, zur rechten Hand, erhebt sich die uralte **Jodokuskirche**, heute ein Wohnhaus. Bereits 1347 wurden in dieser Kirche täglich zwei Messen gelesen; Peter Wok übergab die Kirche den Protestanten, von denen sie bis 1621 benützt wurde. Im Jahre 1788 erfolgte die Sperrung der Kirche, 1790 wurde sie um 1245 Gulden mit der Bedingung verkauft, daß der Turm auf Kosten der Stadt erhalten werden muß. Hinter der Kirche ziehen sich längs der Moldau Reste der alten Stadtmauern hin.

Links an der Brücke steht das **„Baderhaus"** (Nr. 1). Es war schon 1347 ein Bad und enthielt später auch die Wohnung des Baders. Aus diesem Hause stammte die unglückliche Baderstochter Margarete Bichler, die der Kaisersohn Don Julius d'Austria im Schlosse auf grausame Weise ermordete.

Beide Häuserreihen der Latron weisen eine Reihe von interessanten Gebäuden mit mannigfachen

Český Krumlov (Aquarell eines unbekannten Autors)

Giebeln und mitunter vorragenden oberen Stockwerken aus, so zur linken Seite das Haus Nr. 14 (Hulicius) und rechts das Haus Nr. 37 (Kaffee Fink), das schon im Jahre 1654 ein Bierschank war.

Beim Kaffee Fink biegen wir rechts in die Neustadt ein, um uns nach einigen Schritten durch ein kleines Tor in ein kleines Gäßchen gleich wieder nach rechts zu wenden. Wir gelangen auf einen kleinen Platz, in dessen Hintergrund ein Gebäude mit einer schönen, doppelten Laube steht. Hier stand einer der zur Stadtbefestigung gehörigen Tortürme und dieser Stadtteil heißt noch heute „die Pforte“. Treten wir einige Schritte weiter, kommen wir an die Moldau, von wo aus uns ein herrlicher Ausblick auf die Stadt überrascht. Nach unserem Rückweg aus der Pforte gehen wir die Neustadt rechts hinunter und kommen zum **Schwarzenberg'schen Brauhaus**. In dessen Hofe rechts steht ein Haus mit der Überschrift: AUDI, VIDE, TACE – SI VIS VIVERE IN PACE. In diesem Hause wohnte die Mutter Wilhelms von Rosenberg. Die Brauerei war ursprünglich ein Zeughaus, in dem eine Menge Waffen angesammelt waren, darunter Hunderte von Kanonen. Durch seine Bauart bildete das Zeughaus eine eigene Festung. Im Jahre 1625 wurde das Bräuhaus aus dem Schlosse hierher verlegt. Hinter dem Bräuhaus steht noch ein runder Wachturm mit den letzten Resten der alten Stadtmauern.

Nun wieder zurück zum Kaffee Fink und durch die Latron rechts weiter. Unmittelbar vor dem Schloßtor tritt uns das **Primatorenhaus** entgegen, das ehemalige Rathaus der Latron. Das Gebäude, das die gleiche Inschrift trägt wie wir sie im Bräuhaus fanden (AUDI, VIDE, TACE, SI VIS VIVERE IN PACE), enthält gegenwärtig die Schwarzenbergsche Schloßapotheke, das gegenüber dem Schloßtor stehende **Porak'sche Haus** hat schöne Freskomalereien, die die einzelnen Stufen des menschlichen Alters mit entsprechenden Sinnsprüchen darstellen.

Über den Dachboden des Hauses Nr. 56 führte der von Wilhelm von Rosenberg gebaute Gang ins Kloster.

Durch die gegenüber der Schloßapotheke nach rechts abzweigende Klostergasse kommen wir in das 1357 gestiftete **Minoritenkloster**. Die einfache gotische Fronleichnamskirche weist an der Südseite einen herrlichen Kreuzgang auf, dessen Fenster mit gotischem Maßwerk verziert sind. Innerhalb des Kreuzganges befinden sich die beiden Meßkapellen zu St. Wolfgang (1491 geweiht) und Maria von Einsiedel (1688 gegründet).

Die Kirche ist durch ein massives Tonnengewölbe gedeckt. An der Westseite zieht sich die Empore, das ehemalige Chor der Klarissinnen hin, hinter dem Hochaltar das Chor der Minoritenmönche. Die Halle unter dem Chor deckt ein schönes Netzgewölbe. Auf der Evangelienseite der Kirche hängt ein wertvolles Marienbild aus dem 14. Jahrhundert, das von demselben Meister herrühren dürfte wie jenes zu Hohenfurth.

An die Kirche ist das ehemalige Klarissinnenkloster angebaut, das 1782 aufgehoben, 1801 vom

Fürsten Josef Schwarzenberg angekauft und als Wohnung für Witwen und Waisen der schwarzenbergschen Beamten eingerichtet wurde.

Wiederum in die Latron zurückkehrend und in unserer ursprünglichen Richtung rechts weitergehend, kommen wir schließlich zum **Budweiser Tor**, dem einzigen stehengebliebenen der einstigen Stadttore. Das Budweiser Tor wurde im Jahre 1598 neu erbaut. Es war eine Zugbrücke, und die Löcher mit den Zugrollen sind noch vorhanden. An den Turm schlossen sich zu beiden Seiten ebenerdige Häuschen an, die zur Befestigung gehörten. Der östliche längere Flügel zeigt noch heute die Quaderdekoration der 2. Hälfte des 16. Jahrhunderts, auf den westlichen kürzeren Flügel wurde Ende des 18. Jahrhunderts ein Stock aufgebaut, der das einheitliche Bild stört.

In die südlichen Stadtteile endlich kommen wir, wenn wir die beim „Goldenkroner Haus“ (Ringplatz 12) einmündende Gasse wählen und von hier nach dem Dr. Nitscheplatz und in die **Gojauergasse** links gehen. Im Hause Gojauergasse Nr. 63 entdecken wir in dem dort befindlichen Laden ein reizendes Rautengewölbe. Im Hinterhause (Nr. 61) befand sich lange Zeit hindurch die Wohnung des Henkers, unmittelbar vor der Brücke steht eine geräumige Mühle (Nr. 56), die bereits 1347 von den Rosenbergern gegründet wurde und die seit 1547 bestehende Tuchfabrik Wozelka (Nr. 58).

Haben wir die eiserne Moldaubrücke überschritten, dann können wir von den sich teilenden

Wegen wählen: wir können rechts in die **Fischergasse** einbiegen, deren Bewohner jahraus, jahrein die verderblichen Gefahren des Hochwassers befürchten müssen, wir können über die gerade gegenüber der Brücke ansteigende Stiege auf den **Flößberg** mit seinen vielen winkeligen Gassen und Gäßchen gelangen, oder aber können wir uns für die von dem hohen Gebäude der deutschen Knaben-Volks- und Bürgerschule nach links führende Linzerstraße entschließen.

Auf jeden Fall aber besuchen wir vorher den **Stadtpark**, den wir auf dem Wege zwischen Schule und Moldau betreten können, um uns vom Park aus an dem herrlichen Ausblick auf die Veitskirche und die anschließenden Gebäude zu ergötzen. Das ist das Wunderbare um Krumau: So oft wir bei einem Rundgange durch die Stadt Gelegenheit haben, eine umfangreichere Aussicht zu genießen, immer wieder tut sich ein anderes Bild vor unseren Augen auf und immer wieder ein schöneres, als wir schon zu sehen geglaubt haben. Es dürfte niemandem leichtfallen zu sagen, welches der verschiedenen Stadtpanoramen ihm am besten gefallen habe. Jedes ist reizvoll in seiner Art und alle sind sie bezaubernd.

Der Stadtpark wurde durch die Jesuiten angelegt und konnte aus dem Kollegium über einen hölzernen Steg, der über die Moldau führte, erreicht werden. Der Park heißt auch heute noch „Jesuitengarten".

Am Südausgang des Parkes steht das St. Martinskirchlein, die Kirche des seinerzeit hier liegenden Friedhofes.

Die **Linzerstraße** führt uns an dem Bezirksgerichte, der jüdischen Synagoge und der ehemaligen Schießstätte vorüber über die hölzerne Brücke und dann rechts nach der **„Schmelzhütte“**, die zur Zeit, als der Bergbau in Krumau blühte, in vollem Betriebe war. Heute erinnert nur noch der Name an ihren Bestand.

Hinter der Schmelzhütte überqueren wir abermals über eine Holzbrücke die Moldau, um die alte Spiro'sche Papierfabrik zu erreichen. Wollen wir aber wieder einen malerischen Ausblick auf die Stadt genießen, dann schlagen wir die von der Schmelzhütte links abzweigende, allmählich ansteigende Straße zu den sogenannten „Fünfhäusern“ ein und gelangen im Verlaufe unseres Weges durch die Stiftergasse und über die Obertorbrücke durch die Obere Gasse wieder auf den Ringplatz.

Somit hätten wir die Stadt nach allen Richtungen durchquert. Dem Fremden, der Zeit hat, die bei unserem Rundgange nicht berührten Stadtwinkel aufzusuchen, werden sich der Schönheiten noch unzählige offenbaren. Wohin immer ihn seine Streifzüge führen, wird er auf neue Überraschungen stoßen, denn es gibt kaum einen Winkel in der Stadt, der nicht seine bezaubernde Eigenart hätte.

Die Geschichte der St. Veitskirche in Krummau

Josef Rodlberger

Die St. Veitskirche, am rechten Moldauufer am höchsten Punkt der inneren Stadt gelegen, ist die Pfarrkirche von Krummau und stammt aus dem Anfang des 15. Jahrhunderts.

Schon 1310 unter Peter I. von Rosenberg wurde mit dem Baue einer Kirche begonnen. Von diesem Bau ist aber mit Ausnahme eines Turmrestes, der jedoch von einem romanischen Bau herzurühren scheint, nichts geblieben. Die jetzige gotische Kirche wurde im Anfang des 15. Jahrhunderts gebaut. 1409 schloß der damalige Pfarrer Hostislaus einen Vertrag mit dem Meister Johann Staněk betreffs Einwölbung des Kirchengewölbes. Doch dürfte weder Johann Staněk noch sein Bruder Kří□ den Bau vollendet haben. Im Mittelschiff der Kirche ist am Gewölbe ein Wappen angebracht mit der Inschrift *linhart z oldeberku*. Dieser Name ist tschechisch und heißt deutsch Linhard (Leonhard) von Altenberg, und dieser dürfte der Vollender des Baues gewesen sein. Sommer nennt Leonhard von Altenberg schon 1340, also schon vor dem Staněk als Erbauer der Kirche. Wenig Glauben verdient die Meinung Gallistls (*Heimatkunde des politischen Bezirkes Krummau*), daß der im 16. Jahrhundert erwähnte Baumeister Linhart von Altenberg Restaurationsarbeiten an der Kirche geleitet habe.

Am 25. Jänner 1439, am Feste Pauli Bekehrung, wurde die Kirche vom Weihbischof Matthias von Passau, einem gebürtigen Krummauer, eingeweiht.

Die am linken Seitenschiffe angebaute Totenkapelle (capella Resurrectionis) hatte ein Sterngewölbe, dessen Rippen bei der Ausmalung abgeschlagen wurden. Das läßt schließen, daß der Bau bei der 1439 erfolgten Einweihung noch nicht vollendet war, sondern noch fortgesetzt wurde. Eine St. Wenzelskapelle, die an die Veitskirche angebaut war, wurde wieder entfernt.

Dr. A. Ilg sagt in seinen kunsttopographischen Mitteilungen aus Südböhmen: „Das Eigentümliche an der St. Veitskirche ist wohl die auch in anderen Kirchen dieser Gegend auffallende rohe Bildung der Pfeilerpartien unter dem Ansatze der Gewölbefüße, wofür ich übrigens auch in unserer alpinen Gotik und nirgends sonst Analoga wüßte." Nach Grueber bildete unsere Kirche mit derjenigen des hl. Ägydius in B. Mühlhausen, mit Hohenfurt und Schloß Rosenberg eine eigene Baugruppe, deren Urheber die Krummauer Künstlerfamilie der Staněk in der ersten Hälfte des 15. Jahrhunderts wären.

Die St. Veitskirche mißt der Länge nach von Osten nach Westen 43,79 Meter, der Breite nach von Süden nach Norden 19,85 Meter, ihre innere Höhe vom Pflaster bis zum Gewölbe 19,22 Meter.

Das schöne gotische Sakramentshäuschen aus Marmor an der linken Seite des Presbyteriums, um das Jahr 1450 erbaut, wird erst 1515 erwähnt. Im

Jahre 1920 wurde dieses Kunstwerk auf Kosten des Prager Denkmalamtes, des Fürsten Schwarzenberg und der Stadtgemeinde von der Firma A. Schönbaur in Krummau renoviert. Bis 1780 waren außer dem Hochaltare noch 13 Seitenaltäre, bei denen 13 Altaristen fundiert waren.

Im Jahre 1596 ließ Peter Wock von Rosenberg einen neuen Hochaltar aus rotem Marmor mit Statuen aus gebranntem Ton erbauen. Dieser Hochaltar wurde 1683 durch den jetzigen ersetzt. Vier Marmorsäulen des abgetragenen Altares wurden zur Ausschmückung des Taufbeckens verwendet und befinden sich heute noch dort (unter dem Musikchor).

Im Presbyterium stand das herrliche Mausoleum, das Peter Wock in den Jahren 1593–1597 seinem Bruder Wilhelm von Rosenberg errichten ließ, auf welchem der Verstorbene in einer alabasternen (?) Reiterfigur dargestellt gewesen sein soll. Den Marmor dazu lieferte Johann Plechhans von Halle, die Durchführung der Steinmetzarbeiten besorgte Georg Bendl aus Prag. Dieses Mausoleum wurde 1612–1614 von den Jesuiten entfernt, jedoch auf Betreiben der vierten Gemahlin Wilhelms von Rosenberg, Polixena, verehelicht an Zdeněk von Lobkowitz, wieder aufgerichtet. Im Jahre 1784 wurde es mit Einwilligung des Fürsten Josef Adam von Schwarzenberg endgiltig entfernt; man sagt wegen Baufälligkeit, wohl aber behufs Erweiterung des Presbyteriums, und um die Aussicht auf den Hochaltar freizubekommen. Von diesem Kunst-

Blick auf das Krummauer Schloß (um 1900)

werk ist uns nichts erhalten geblieben, auch keine Abbildung.

Als man 1788 auch die Gruft Wilhelms von Rosenberg (gest. 1592) und seiner dritten Gemahlin Anna Maria von Baden (gest. 1583) öffnete, kam sein goldenes Vließ und Fingerring an das Kloster Hohenfurt, die beiden Grabplatten aus rotem Marmor wurden im linken Seitenschiff der Sankt Veitskirche an der Wand eingefügt, zu beiden Seiten des Eingangs in die Fürstlich Schwarzenberg'sche Gruftkapelle. Diese Kapelle, dem heiligen Johann von Nepomuk geweiht, ist im Barockstil gebaut und wurde 1726 vollendet. An der linken Wand der Kapelle ist eine mit einer schwarzen Marmorplatte geschlossene Nische, enthaltend sieben Urnen, in denen die Herzen einiger Mitglieder des fürstlichen Hauses Schwarzenberg ruhen. Urne VI enthält das Herz der Fürstin Pauline v. Schwarzenberg, gebor'nen Herzogin von Arenberg, die am 1. Juli 1810 zu Paris den Tod in den Flammen fand. Urne VII enthält das Herz des am 19. Dezember 1833 zu Frauenberg verstorbenen Fürsten Josef von Schwarzenberg, die am 28. Dezember 1833 beigesetzt wurde. Seitdem werden die Leichname der Mitglieder der fürstlichen Familie in der Gruft zu Wittingau beigesetzt. In der Mitte der Kapelle ist ein Grabstein mit deutscher Inschrift, der das Grab der 1741 verstorbenen Fürstin Eleonore Amalia von Schwarzenberg schließt.

Im Jahre 1739 wurde eine neue große Orgel aufgestellt, bei welcher Gelegenheit wahrscheinlich das zweite Chor (Musikchor) errichtet wurde, das 1901 bei der Renovierung der Kirche wieder entfernt wurdc. Die kleinere Orgel über dem westlichen Eingangstor soll vom Kloster Goldenkron stammen.

Der im Jahre 1683 erbaute Hochaltar wurde 1882 von der Firma Schönbaur in Krummau renoviert. Die vier Seitenaltäre im Schiff der Kirche wurden im Jahre 1894 und 1898 neu hergestellt.

Der Turm der St. Veitskirche, der im Verhältnis zur Höhe der Kirche zu niedrig war und daher nicht gerade zur Zierde gereichte, wurde 1893 teilweise abgetragen und 1894 durch einen neuen, zur Kirche passenden Turm ersetzt.

Die inneren Räume der Kirche wurden ungeachtet der schönen Steinmetzarbeiten im Laufe der Zeit übertüncht. Diesen Fehler hat man in neuester Zeit wiedergutgemacht, indem man im Jahre 1899 begann, die Steinmetzarbeiten vom Anwurfe zu befreien und der Kirche die ursprüngliche Gestalt wiederzugeben.

Von den sechs Glocken des Turmes wurden im Weltkriege drei vom Staate requiriert, darunter die zwei größten (2520 kg und 840 kg schwer).

Rings um die Kirche war, wie früher üblich, der Friedhof. Einige erhaltene Grabdenkmäler dieses aufgelassenen Friedhofes wurden zu Ende des vorigen Jahrhunderts teils in die Kirchenmauer, teils in die Mauer des gegenüberliegenden Kaplanhauses eingefügt und so vor dem Untergange bewahrt.

Fast 500 Jahre steht dieses schöne Gotteshaus; möge es noch lange stehen zur Zierde der Stadt und zur Erbauung der Gläubigen.

Blick vom Krumauer Hausberg Schöninger

Josef Wenzig
(*1807 Prag †1876 Turnau)

Oben auf der Bergpalette befindet sich ein sehr geräumiger, elf Klafter hoher runder Turm, der Josephsturm geheißen, weil ihn 1825 Se. Durchlaucht der verstorbene menschenfreundliche Fürst Joseph erbauen ließ. Der Turm wird im Sommer von einem Wächter bewohnt, bei dem man Milch und Bier, Brot, Butter und Käse, selbst Kaffee zur Erfrischung erhalten und allenfalls auch übernachten kann. Von der Zinne dieses Turmes nun, zu welcher man auf einer wohlbeschaffenen Holztreppe gelangt, eröffnet sich dem überraschten Auge eine Aussicht, die an Ausdehnung, schöner Mannigfaltigkeit und bedeutungsvollem Inhalt von keiner anderen des Landes übertroffen wird. Südlich tief zu den Füßen des Schauenden breitet sich die moldauumgürtete herzogliche Stadt Krumau aus. Aber indem das Auge den Weg gegen Rosenberg verfolgt, stellen sich ihm im äußersten Hintergrunde die Alpen Steiermarks, Oberösterreichs und Salzburgs dar, von denen es die vorderen Ketten, die grotesken Kalkalpen vom Schneeberg in Niederösterreich bis über den Watzmann an den Grenzen Tirols in ihrem ganzen Zusammenhange übersieht. ... Bei besonders heiterem Wetter erscheinen hinter ihnen die mit ewigem Schnee und Eis bedeckten Gipfel der Zentralalpen an der Grenze von Kärnten, der Ankogel und der Großglockner. Indessen muß, damit man sich an solchem Anblick ergötzen könne, das Wetter, wie gesagt, besonders gut gelaunt sein, und wir möchten überhaupt nicht das Alpen-Panorama für das Charakteristische der Schöninger-Aussicht erkennen, da dasselbe auch andere Punkte des Böhmerwaldes, wie vornehmlich der Hohenstein und das St. Thomasgebirge bieten; das, was die Schöninger-Aussicht besonders charakterisiert, ist die Menge stattlicher und interessanter Ortschaften, die ringsum wie ausgesäet daliegen. Es seien z. B. genannt: rechts von Krumau gegen Südwest das fürstliche Lustschloß Rothenhof nahe bei dem Marktflecken Kalsching, durch welchen ein an schönen Landschaftsbildern reicher Weg nach dem schon bekannten Prachatitz und dem gleichfalls historisch merkwürdigen Netolitz führt; weiter hinten, zwischen Rothenhof und Krumau, das lieblich gelegene Dorf Gojau mit seiner großartigen Kirche im römischen Stil, noch weiter hinten das Dorf Ruben mit einer Burgruine und noch weiter der Marktflecken Höritz – gegen Osten und Nordosten das Dorf Goldenkron in einer von der Moldau durchströmten Bergmulde, eine krippenspielartige Erscheinung, mit der herrlichen von König Ottokar II. zum Gedächtnis an seinen großen Sieg über die Ungarn erbauten Stiftskirche; weiter hinab an der Moldau die romantische Burg Maidstein, wo einst der gebeugte Ulrich II. von Rosenberg seine letzten Lebenstage in Zurückgezogenheit von dem Lärm der Welt zubrachte; und könnte das Auge den Lauf der Moldau noch weiter verfolgen, so würde es auch die Ruine Chotek, den Stammsitz der Ahnen des unvergeßlichen Oberstburggrafen Karl Grafen von Chotek entdecken; doch dafür erblickt es die volkreiche, ausgedehnte Kreisstadt Budweis mit ihren ansehnlichen Gebäuden und Türmen; in der Nähe von Budweis hier das zauberhafte, weiß herschimmernde Frauenberg, dort die Bergstadt Rudolfstadt und über Budweis hinaus die Stadt Wittingau, wo Peter Wok, der letzte Rosenberg endete, mit dem ungeheuren, seeähnlichen Rosenberger Teiche, und mehr gegen den Süden die Stadt Gratzen mit einem prächtigen gräflich Buquoyschen Schloß und Park und berühmten Glasfabriken in der Nachbarschaft - gegen Norden die schon bekannte Gegend von Wälisch-Birken, Helfenburg, Barau, Netolitz und Wodnian, zwischen welchen letzteren Städten und Budweis zahlreiche Teiche, die Zierden Südböhmens, im Sonnengolde flimmern. Gleichwie am Himmel immer mehr Sterne auftauchen, je länger man in ihn hineinsieht, so gewahrt man immer mehr Gegenstände, je länger man das Land umher betrachtet, das einst ganz von den Rosenbergern beherrscht wurde. Nur gegen Westen ist die Aussicht durch das Böhmerwaldgebirge begrenzt.

Anmerkungen

- Die im Inhaltsverzeichnis mit einem Sternchen (*) versehenen Überschriften stammen vom Herausgeber, in allen anderen Fällen handelt es sich um Originaltitel. Einige Artikelüberschriften wurden im Inhaltsverzeichnis aus satztechnischen Erwägungen in verkürzter Form wiedergegeben. In einigen Fällen konnten die Lebensdaten der Autoren nicht oder nicht vollständig erhoben werden. Der Verlag dankt für entsprechende Hinweise, die eine Vervollständigung ermöglichen.

- Kürzungen innerhalb geschlossener Textpassagen wurden im allgemeinen durch drei Punkte kenntlich gemacht.

- Einige der aus Originalquellen übernommen Personennamen weichen in ihrer Schreibweise von der heute üblichen Form ab (z.B. Przemysl für Přemysl). Im Interesse einer hohen Textauthentizität wurde auf Anpassungen verzichtet.

- Da in historischen Texten die ehemaligen deutschen Ortsbezeichnungen (z. Bsp. Goldenkron, Fischergasse etc.) üblich waren, scheinen diese auch in der vorliegenden Sammlung ohne gesonderte Kennzeichnung auf. Da nach dem Zweiten Weltkrieg die deutsche Bevölkerung vertrieben und die Stadt Krummau von tschechischen Bürgern besiedelt wurde, stehen seit 1945 die tschechischen Analoga in Verwendung. Darüberhinaus wurden im Laufe der Jahrzehnte einige Straßenbezeichnungen aus national- oder kulturpolitischen Erwägungen umbenannt. Sofern die alten Bezeichnungen (z.B. Dr. Nitsche-Platz) in historischen bzw. literarischen Texten aufschienen, wurden sie auch in dieser Publikation unverändert beibehalten, da sie zum unveräußerlichen kulturhistorischen Besitzstand der heutigen Stadt Český Krumlov gehören.

Tschechische Entsprechungen der wichtigsten im Text aufscheinenden deutschen Ortsbezeichnungen

Böhmisch Budweis	České Budějovice
Böhmisch Krum(m)au	Český Krumlov
Eule	Jílové
Frauenberg	Hluboká
Goldenkron	Zlatá Koruna
Gratzen	Nové Hrady
Hohenfurth	Vyšší Brod
Hradek	Hrádek
Kalsching	Chvalšiny
Kaplitz	Kaplice
Klingenberg	Zvíkov
Kremsier	Kroměříž
Krum(m)au	Krumlov
Kugelweit [Kugelwaid]	Kuklvejt, [Kuklov]
Maidstein [Meidstein], Burg	Dívčí kámen
Moldau	Vltava
Mühlhausen	Milevsko
Netolitz	Netolice
Neuhaus	Jindřichův Hradec
Oberplan	Horní Planá
Olmütz	Olomouc
Pilsen	Plzeň
Prag	Praha

Priethal	Přídoli
Pürglitz	Křivoklát
Ratibořitz	Ratibořice
Rosenberg	Rožmberk
Rotenhof bei Kalsching	Červený mlýn
Schöninger	Klet'
Sobieslau	Soběslav
Strakonitz	Strakonice
Troppau	Opava
Tweras	Svéraz
Unterhaid	Dolní Dvořiště
Wallern	Volary
Welleschin	Velešín
Wittingau	Třeboň
Znaim	Znojmo

Quellenangaben in der Reihenfolge der Texte

Hugo Rokyta: Die Böhmischen Länder. Prag. Vitalis Verlag, Prag 1997.

Johann Jany: Krummauer Lied. In: Rudolf Doyscher, Krummau. „Sonne und Sturm im Jugendparadies“. RVG-Verlags- und Vertiebs Gmbh, Landshut 1996.

Alois Meerwald: Böhmisch Krumau die Perle des Böhmerwaldes. Verlag L. E. Hansen's Buchhandlung, Böhm.-Krumau 1926.

Hans Watzlik: Die Abenteuer des Florian Regenbogner. Ein Traumbüchlein. Adam Kraft Verlag, Karlsbad und Leipzig 1942.

Harald Salfellner: Landeszeitung, Prag 2003.

Alois Meerwald: Böhmisch Krumau die Perle des Böhmerwaldes. Verlag L. E. Hansen's Buchhandlung, Böhm.-Krumau 1926.

August Sperl: Die Söhne des Herrn Budiwoj. C. H. Beck'sche Verlagsbuchh., München 1896.

Alois Meerwald: Böhmisch Krumau die Perle des Böhmerwaldes. Verlag L. E. Hansen's Buchhandlung, Böhm.-Krumau 1926.

Viktor Krummauer: Der Türmer bläst. In: Festschrift zur Feier des fünfzigjährigen Bestandes des Staats-Obergymnasiums in Krummau. Krummau 1921.

Unsere Heimat. Die Stadt Krummau an der Moldau im Böhmerwald. Hg. Deutscher Böhmerwaldbund e.V. Bundesverband, Verlag „Hoam“, Waldkirchen 1992.

Alois Meerwald: Böhmisch Krumau die Perle des Böhmerwaldes. Verlag L. E. Hansen's Buchhandlung, Böhm.-Krumau 1926.
Unsere Heimat. Die Stadt Krummau an der Moldau im Böhmerwald. Hg. Deutscher Böhmerwaldbund e.V. Bundesverband, Verlag „Hoam", Waldkirchen 1992.
Alois Meerwald: Böhmisch Krumau die Perle des Böhmerwaldes. Verlag Hansen, Krumau 1926.
Helmut Doyscher: Abend im Freien. Gedichte. Verlag *edition linz* Bibliothek der Provinz. Linz o.J.
Alois Meerwald: Böhmisch Krumau die Perle des Böhmerwaldes. Verlag L. E. Hansen's Buchhandlung, Böhm.-Krumau 1926.
Gustav Jungbauer: Erinnerung an Krummauer Studentenbuden. In: Festschrift zur Feier des fünfzigjährigen Bestandes des Staats-Obergymnasiums in Krummau. Krummau 1921.
Carl Gustav Carus: Lebenserinnerungen und Denkwürdigkeiten. Bd 1-2. Kiepenheuer, Weimar 1960.
Rainer Maria Rilke: Zwei Prager Geschichten. Vitalis Verlag, Prag 1998.
Mein Österreich, mein Heimatland. Band II. Verlag für vaterländische Literatur, Wien 1916.
Alois Meerwald: Böhmisch Krumau die Perle des Böhmerwaldes. Verlag L. E. Hansen's Buchhandlung, Böhm.-Krumau 1926.
Rainer Maria Rilke: Werke in drei Bänden. Bd 1. Insel-Verlag, Leipzig 1978.

Karel Čapek: Bilder aus der Heimat. Aufbauverlag, Berlin 1988.
Lillian Schacherl: Böhmen. Prestel-Verlag, München 1966.
Johanna Baronin Herzogenberg: Zwischen Donau und Moldau. Prestel-Verlag, München 1968.
Alois Meerwald: Böhmisch Krumau die Perle des Böhmerwaldes. Verlag L. E. Hansen's Buchhandlung, Böhm.-Krumau 1926.
Josef Rodlberger: Die Geschichte der St. Veitskirche in Krummau. In: Festschrift zur Feier des fünfzigjährigen Bestandes des Staats-Obergymnasiums in Krummau. Krummau 1921.
Johanna Baronin Herzogenberg: Zwischen Donau und Moldau. Prestel-Verlag, München 1968.

In gleicher Ausstattung erschienen
in der Reihe „LeseReise“:

Band 1 Prag
Band 2 Böhmen
Band 3 Mähren
Band 4 Böhmerwald
Band 5 Riesengebirge
Band 6 Karlsbad

Weitere Bände sind in Vorbereitung.

Weitere Titel aus unserem Verlagsprogramm:

Stifter, Adalbert: **Bergkristall. Eine Winternovelle.**
Bibliotheca Bohemica Band Nr. 14, Zweite Ausgabe, 112 Seiten, 21x13 cm, Fadenheftung, gebunden, Lesebändchen, mit Illustrationen von Karel Hruška.
ISBN 3-89919-014-9, € 9,90/sFr 19,80

Stifter, Adalbert: **Der Waldsteig.**
Bibliotheca Bohemica Band Nr. 48, 72 Seiten, 21x13 cm, Fadenheftung, gebunden, Lesebändchen, mit Illustrationen von Karel Hruška und einem Nachwort von Harald Salfellner.
ISBN 3-934774-51-2, € 9,90/sFr 19,80

Stifter, Adalbert: **Der Hochwald.**
Bibliotheca Bohemica Band Nr. 53, 176 Seiten, 21x13 cm, Fadenheftung, gebunden, Lesebändchen, illustriert von Karel Hruška.
ISBN 3-89919-021-1, € 9,90/sFr 19,80

Stifter, Adalbert: **Der Waldgänger.**
Bibliotheca Bohemica Band Nr. 61, 168 Seiten, 21x13 cm, Fadenheftung, gebunden, Lesebändchen, illustriert von Karel Hruška.
ISBN 3-89919-055-6, € 9,90/sFr 19,80

Stifter, Adalbert: **Granit/Die Pechbrenner.**
Bibliotheca Bohemica Band Nr. 46, 176 Seiten, 21x13 cm, Fadenheftung, gebunden, Lesebändchen, illustriert von Karel Hruška.
ISBN 3-89919-013-0, € 9,90/sFr 19,80

Stifter, Adalbert: **Der Kondor/Das Heidedorf.**
Bibliotheca Bohemica Band Nr. 42, 120 Seiten, 21x13 cm, Fadenheftung, gebunden, Lesebändchen, illustriert von Karel Hruška.
ISBN 3-89919-054-8, € 9,90/sFr 19,80

Salfellner, Harald: **Franz Kafka und Prag.**
Fünfte, verbesserte Ausgabe, 200 Seiten, 21x13 cm, Fadenheftung, gebunden, Lesebändchen, mit 120 Abbildungen, einem Orientierungsplan im Vorsatz und einem Vorwort von Hugo Rokyta.
ISBN 3-89919-045-9, € 12,40/sFr 24,80;
auch in englisch, französisch, italienisch, spanisch und russisch lieferbar.

Kafka, Franz: **Betrachtung.**
Bibliotheca Bohemica Band Nr. 28, 80 Seiten, 21x13 cm, Fadenheftung, gebunden, Lesebändchen, s/w-Abbildungen, mit einem Nachwort von Albert Ehrenstein.
ISBN 3-89919-051-3, € 9,90/sFr 19,80;
auch in englisch lieferbar.

Kafka, Franz: **Brief an den Vater.**
Bibliotheca Bohemica Band Nr. 12, 96 Seiten, 21x13 cm, Fadenheftung, gebunden, mit Zeichnungen von Franz Kafka und einem Nachwort von Thomas Anz.
ISBN 3-934774-87-3, € 9,90/sFr 19,80;
auch in englisch, italienisch, spanisch und französisch lieferbar.

Kafka, Franz: **Der Prozeß.**
Bibliotheca Bohemica Band Nr. 21, 290 Seiten, 21x13 cm, Fadenheftung, gebunden, Lesebändchen, erste ungekürzte Ausgabe unter Aufnahme auch der vom Autor gestrichenen Passagen, mit Illustrationen von Karel Hruška.
ISBN 3-89919-052-1, € 9,90/sFr 19,80;
auch in englisch lieferbar.

Kafka, Franz: **Die Verwandlung.**
Bibliotheca Bohemica Band Nr. 3, 104 Seiten, 21x13 cm, Fadenheftung, gebunden, mit Illustrationen von Karel Hruška.
ISBN 3-934774-88-1, € 9,90/sFr 19,80;
auch in englisch, französisch, italienisch und spanisch lieferbar.

Kafka, Franz: **Ein Landarzt.**
Bibliotheca Bohemica Band Nr. 36, 104 Seiten, 21x13 cm, Fadenheftung, gebunden, Lesebändchen, s/w-Abbildungen, mit einem Nachwort zum Ort des Entstehens von Harald Salfellner.
ISBN 3-89919-050-5, € 9,90/sFr 19,80;
auch in englisch lieferbar.

Waldau, Alfred: **Böhmische Nationaltänze.**
Bibliotheca Bohemica Band Nr. 52, 188 Seiten, 21x13 cm, Fadenheftung, gebunden, Lesebändchen, mit einem Beitrag von Georg Gimpl.
ISBN 3-89919-017-3, € 12,90/sFr 25,80

Kennel, Herma: **BergersDorf.**
Erstausgabe, 352 Seiten, 21x13 cm, Fadenheftung, gebunden, Lesebändchen, Schutzumschlag, bebildert.
ISBN 3-89919-028-9, € 19,90/sFr 39,80

Schuh, Berthold: **Das Fenster einen Spalt breit geöffnet.**
Bibliotheca Bohemica Band Nr. 38, Eine Auswahl tschechischer Gedichte von der Romantik bis zur Gegenwart in deutschen Übertragungen, Erstausgabe, 152 Seiten, 21x13 cm, Fadenheftung, gebunden, Lesebändchen, mit Farb- u. s/w-Abbildungen.
ISBN 3-934774-06-7, € 14,90/sFr 29,80;
Deutsch und tschechisch in einem Band.

Vrchlický, Jaroslav: **Von weiten Wegen.**
Bibliotheca Bohemica Band Nr. 37, Gedichte in einer Übertragung von Marie Rix-Meisel, 56 Seiten, 21x13 cm, Fadenheftung, gebunden, Farbabbildungen, mit einem Vorwort von Otto Pick.
ISBN 3-934774-07-5, € 14,90/sFr 29,80

Zahradníček, Jan: **Vogelbeeren (Jeřáby).**
Bibliotheca Bohemica Band Nr. 39, Gedichte, übertragen von Urs Heftrich. Dt. Erstausgabe, 80 Seiten, 21x13 cm, Fadenheftung, gebunden, mit farbigen Illustrationen von Jiří Vincenc Slavíček.
ISBN 3-934774-70-9, € 12,40/sFr 24,80;

Třešňák, Vlastimil: **Minimax.**
Dt. Erstausgabe, 136 Seiten, 21x13 cm, Fadenheftung, gebunden, Lesebändchen, Schutzumschlag, mit farbigen Illustrationen von Jiří Vincenc Slavíček und einem Interview des Autors, aus dem Tschechischen von Peter Ambros.
ISBN 80-85938-24-3, € 14,90/sFr 29,80

Oberhammer, Monika (Hg.): **„Das Wesen Österreichs ist nicht Zentrum, sondern Peripherie."**
Eine Gedenkschrift für Hugo Rokyta (1912-1999). Vitalis Scientia 5, 372 Seiten, 23x15 cm, Fadenheftung, gebunden, Lesebändchen, mit s/w-Abbildungen.
ISBN 3-89919-002-5, € 19,90/sFr 39,80

Krywalski, Diether: **Weit von hier wohnen wir, weit von hier.**
Vitalis Scientia 4, 416 Seiten, 23x15 cm, Fadenheftung, gebunden, Lesebändchen, s/w-Abbildungen.
ISBN 3-934774-34-2, € 19,90/sFr 39,80

Baum, Oskar: **Erzählungen aus dem Blindenleben.**
Bibliotheca Bohemica Band Nr. 34, 120 Seiten, 21x13 cm, Fadenheftung, gebunden, mit s/w-Abbildungen und einem Nachwort zu Oskar Baum.
ISBN 80-85938-21-9, € 12,40/sFr 24,80

v. Winterberg
E.St. Schattawa
n. Prachatitz
E.St. Oberhaid
n. Prachatitz
Wallern
E.St.
Eleonorenhain
E.St.
Warme-Moldau
Miesau
Ober-Schneedorf
Ernstbrunn
Chlum
Kalte-Moldau
Tusset
Schw. Kreuz
Blumenau
Andreas
Hinterhaid
Lisi 1229
Fürstensitz 1235
Neuthal
v. Passau
Heger Lustig
Salnau
BAIERN
Ottetstift
Langenbrucker Teich
Langhaid
E.St.
Glashütten
Stifter Denkmal
Neuofen
Schwarz-M.
Dreisselberg
Blöckensteiner See
Blöckenstein
Moldau-Fluss
Oberplan
Schwarzenberg-Schwemmkanal
Hüttenhof
Josefsthal
Hochficht
OESTERREICH
Glöckelberg
U. Wuld
---ÜBERSICHTSKARTE---
v. B. KRUMAU und Umgebung.---
Zeichenerklärung
Staatsgrenze
Eisenbahn mit der Station
Fluss u. Bach
Schwemmkanal
Teich u. See
Höhenpunkte
Ruine
Forsthaus, oder Hegerei
Mühle
Turistische Wege, die Nº bedeuten Km.